农村集体经营性建设用地入市试点改革：广东南海实践

吴彩容 著

九州出版社
JIUZHOUPRESS

图书在版编目（CIP）数据

农村集体经营性建设用地入市试点改革 ： 广东南海实践 / 吴彩容著. -- 北京：九州出版社， 2022.5

ISBN 978-7-5225-0897-9

Ⅰ. ①农… Ⅱ. ①吴… Ⅲ. ①农业用地－生产性建设用地－土地市场－研究－南海区 Ⅳ. ①F327.654

中国版本图书馆 CIP 数据核字（2022）第 062074 号

农村集体经营性建设用地入市试点改革 ： 广东南海实践

作　　者　吴彩容 著
责任编辑　陈春玲
出版发行　九州出版社
地　　址　北京市西城区阜外大街甲 35 号（100037）
发行电话　（010）68992190/3/5/6
网　　址　www.jiuzhoupress.com
印　　刷　武汉市籍缘印刷厂
开　　本　710 毫米 ×1000 毫米　16 开
印　　张　10.75
字　　数　169 千字
版　　次　2022 年 5 月第 1 版
印　　次　2022 年 5 月第 1 次印刷
书　　号　ISBN 978-7-5225-0897-9
定　　价　68.00 元

★版权所有　侵权必究★

本著作是“教育部人文社会科学研究青年基金”项目的研究成果（项目名称：农村集体经营性建设用地入市试点政策的实施效果与政策优化——基于广东南海的调查；项目编号：18YJC790180）。

本著作受佛山科学技术学院高水平理工科大学建设专项资金、佛山科学技术学院学术著作出版资助基金、广东省社会科学研究基地“创新与经济转型升级研究中心”资助。

前 言

2015 年 2 月，经十二届全国人大常委会第十三次会议审议通过，授权广东南海、北京大兴、河南长垣等 33 个县区的农村集体经营性建设用地试点入市，这标志着农村集体经营性建设用地合法入市试点正式铺开。南海区是广东唯一的一个试点改革区域。自 2015 年正式启动试点改革以来，南海大胆创新探索，认真落实试点改革区，取得了较好的改革业绩及经验；南海在农村集体经营性建设用地入市试点改革中形成的“南海实践”或“南海经验”获国土部认可。那么，经过了五年的试点改革实践探索，南海农村集体经营性建设用地入市试点改革究竟获得了哪些实践经验？南海农村集体经营性建设用地入市试点改革取得了哪些成效？有哪些创新性的入市模式？遇到了哪些困难和阻力？南海农村集体经营性建设用地入市的未来优化方向如何？其他类似城市的农村集体经营性建设用地入市究竟可从“南海实践”中学习什么？本书对此予以解释和回答。

本书是著者三年多来的研究成果，各章都是围绕佛山南海农村集体经营性建设用地入市改革试点而展开的，各章之间既相互独立又密切相关。全书共分八章，在第一章导论部分之后，先对南海农村集体经营性建设用地入市试点改革的实践进行分析；然后选取广东南海和河南长垣作为研究区域，采用实地调研、问卷调查和案例对比研究的方法，对南海农村集体经营性建设用地入市效果差异及其成因进行分析；随后通过随机调查的方式有效获得 596 位村民的调查问卷，运用描述性统计和 Logistic 回归模型等方法，对南海村民关于农村集体经营性建设用地入市意愿及其影响因素进行了深入研究；接着就南海农村集体经营性建设用地调研中发现的两种入市方式展开深入剖析和比较；随后对南海首创的整备入市模式进行深入研究，具体从博弈分析、村民响应农村集体经营性建设用地整备入市的影响因素及土地整备制度实施效果等三方面展开；

最后归纳出南海农村集体经营性建设用地入市依然存在的问题，并从入市意愿、入市制度建设、入市融资权能、收益分配及村集体监管体系等方面提出进一步完善的政策建议。

本书的撰写过程中得到罗锋教授、黄丽教授、靳娜老师、陈彩虹老师、杨望成院长、李远辉老师、罗芳老师、甘燕飞老师、朱盼玲老师等同事的支持，还得到挚友谭艳霞的热情帮助，也得到陈丽嫦、周间屏、梁宝养、张巧燕等同窗好友的关心，在此对上述领导、同事和好友表示衷心的感谢！此外，还要特别感谢吴彩娟女士的鼓励和帮助！还得特别感谢张晓玉、卓海鹏、陈佩珊、汤子琳、陈国良、杜琦琪、陆培庆等同学积极参与入户调研和问卷调查工作！

本书书稿完成了，但研究永无止境，未来的科研道路需要更多的努力。同时因著者的水平所限，书中不足之处在所难免，敬请各位读者朋友批评指正。

2021 年 5 月于佛山科学技术学院

目 录

第一章 导 论

一、问题提出

改革开放以来，随着市场经济体制的建立，土地市场不断发育，国有土地使用制度和农用地使用制度改革进展较好，而农村集体建设用地改革发展缓慢，恰恰其使用价值和资产价值在市场经济制度下日益突出，自发“黑市”流转行为大量发生，经济发达地区尤甚；致使农村土地资产流失严重、农村土地资源利用不合理、农村利益主体纷争不断、农业产业结构调整受阻、农地资源保护压力加大等时有发生。顺应农村集体建设用地流转的内外驱动力量，国家对农村集体建设用地的改革经历了从制度上的严格限制，到放任阶段，再到规范化入市转变。2015 年 2 月，经十二届全国人大常委会第十三次会议审议通过，授权广东南海、北京大兴、河南长垣等 33 个县区的农村集体经营性建设用地试点入市，标志着农村集体经营性建设用地合法入市试点正式铺开。

农村集体经营性建设用地合法入市试点从施行到 2020 年实施五年，但国家法律和理论建设还有些滞后，入市可能出现的各种风险、收益再分配、交易不顺畅等诸多问题急需深入研究，非常有必要对其入市实施情况进行调研总结。我国的改革普遍采用“先试点再推广”模式进行，农村集体经营性建设用地入市改革也按这一模式展开，通过试点来探讨改革的成效和问题，以保证未来在全国的推广。鉴于 2015 年佛山南海作为广东集体土地制度改革的唯一试点，加上其各项政策与实践都走在全国前列，故把佛山南海作为重点调研对象，运用制度变迁理论、政府流程再造理论以及博弈理论等，分析集体经营性建设用地入市改革过程中的成效及相关的问题，以期为改革的进一步推广提供案例借鉴和依据。

二、文献述评

（一）国外研究现状

无论是集体建设用地还是集体经营性建设用地问题都是中国特色的问题，国外学者对此研究甚少。但是，集体经营性建设用地入市改革实质上是农村土地制度的范畴，内容主要是政府允许集体经营性建设用地合法进入土地市场进行流转，其目的是优化土地资源的配置，由此涉及土地流转、政府、产权等对土地资源配置过程中所起的作用方面的研究。而大部分国家土地的私有化程度较高，关于土地交易、土地产权等方面的研究比较成熟。此外，由于我国国力上升，国外学者对我国农村土地制度的研究逐渐增多，这对我国集体经营性建设用地入市的实施也有很大的借鉴意义。基于此，下面主要从国外学者对土地问题的研究及其对我国农村土地问题的研究这两个方面进行梳理。

第一，国外学者对土地问题的相关研究。（1）土地流转问题。由于西方国家很早就实行市场经济体制，因此极少使用“土地流转”，更多的提法是“土地交易”。在市场经济发达的国家，土地交易的主体、客体、形式都较为明晰，只要土地产权关系明确，土地所有权人就可以自由买卖、租赁、抵押土地；只是各国对土地流转交易的一些具体的规定和做法有些差异。比如，美国允许土地自由交易，政府一般不干预私人土地的交易，但会负责登记备案，并要求土地交易纠纷要通过法律程序解决。日本也允许土地自由交易，但除了买卖要到政府登记备案以外，租赁也必须到政府登记。而加拿大则有所不同，该国规定联邦公有土地、省公有土地均可买卖或出租，但政府必须有偿使用土地，哪怕是联邦政府为公共利益需要而使用省有土地也是如此；而对私人土地交易则与其他发达国家类似，自由交易，政府从中要收税，税率则由各省自行确定。（2）政府对土地资源配置的影响方面有两种主流观点，一种认为政府的干预和调控有利于土地资源的配置，比如学者麦克米伦（2000）就认为通过政府的干预和调控能有效缓解土地稀缺性问题，从而实现土地的有效配置。而利瓦尼斯（2006）、戴宁格（2006）等则持有相反的观点，认为政府的干预比完全的市场化效率要低。（3）产权对土地资源配置的影响方面。西方国家的产权制度比较明晰，因此学者在研究土地交易的时候，往往与产权联系起来，普遍认为土地产权的确定性会提高土地资源配置的效率，比如宾斯万格（1995）、小冢（2001）都持有这种观点。另亚当斯普拉斯（2008）则认为土地产权的高度集中不利于土地资源的合理有效配置，而鲁登（1999）却认为土地产权是一个多要素综合配置影响的结果，受土地的价值含量和当时的生产力、生产方式等要素所影响。

第二，国外学者对中国农村土地制度方面的研究。由于中国国情的特殊性，国外学者对中国农村土地制度的研究并不太多，而研究的角度主要体现在两点：一是中国的集体土地所有制是否有效率，二是是否应该进行私有化改革。如学者奥斯特罗姆（1990）认为，中国的集体土地的产权性质可降低制度成本从而减少风险，在中国特定的历史环境下是有效率的；而学者特曼（1995）则认为中国的集体土地实际就是地方政府所有制，容易导致土地资源的低水平开发利用，因此必须进行集体土地私有制改革。

（二）国内研究现状

集体经营性建设用地入市试点改革标志着集体经营性建设用地可以合法进入土地市场，同时打破国家土地供给市场的垄断局面。通过查询中国知网，以“集体建设用地流转”为篇名，共搜索到 659 篇文献，最早研究始于 2000 年，到 2009 年达到高峰 74 篇，往后每年篇数有所回落，总的来看主要内容涉及集体建设用地流转的必要性、法律制度缺陷和面临的风险等；而以“集体建设用地入市”为篇名，共搜索到 103 篇文献，最早研究始于 2001 年，但文献成果较少，一直到 2014 年才突破个位数，与“集体建设用地流转”为篇名相比，数量少很多，而 2014 年以前每年文章数都非常少，主要原因是一直到 2013 年国家政策才放松对集体建设用地入市；以“集体经营性建设用地入市”为篇名，共搜索到 244 篇文献，研究从 2013 年才开始有两篇，这与国家政策颁布的时间节点一致，往后几年井喷式出现。

我国关于“集体经营性建设用地入市”的研究尚处于探索阶段，主要包括：

（1）集体经营性建设用地入市的实践探索方面，较为集中的几点是集体经营性建设用地入市方式、地方实践的案例与存在的问题和入市路径等。如董秀茹等（2016）、付宗平（2016）、白劲（2016）、宇龙（2016）分别研究了东北三省、成都市、北京市、四川郫县农村集体经营性建设用地入市现状及存在问题，提出修订和完善相关政策法规、建立配套的法律制度、开展农村集体经营性建设用地专项调查和确权登记等措施规范经营性建设用地入市流程。董秀茹（2017）等以黑龙江省安达市为例，分析了农村集体经营性建设用地有3种入市途径，即就地入市、调整入市和整治入市，认为合理地选择入市途径有助于农村集体经营性建设用地的高效集约利用。

（2）集体经营性建设用地入市的影响因素分析方面。如王秋兵（2017）基于东北三省部分地区的实地调查，分析农村集体经营性建设用地流转过程中政府、村集体以及农民这三大利益主体的利益诉求，提出修订和完善相关法规政策、开展专项调查和确权登记工作、合理界定入市与征地边界、协调好利益主体之间的冲突是推进入市工作的关键；刘益林（2017）运用结构模型对其制约因素进行分析，得到制约我国集体经营性建设用地入市的直接因素、中层因素和深层因素，并据此提出针对性的对策建议；刘冬凤（2015）基于浙江省湖州市集体经营性建设用地入市交易改革试点的研究，认为影响集体经营性建设用地入市交易的因素主要是制度因素和非制度因素。

（3）集体经营性建设用地入市的收益分配方面。王小映（2014）认为集体经营性建设用地入市的关键是要处理好各方的收益分配方案；薄乐（2017）认为收益分配是村集体经营性建设用地入市的重要环节；岳永兵（2018）认为应该从完善集体经营性建设用地入市税费项目、明确增值收益调节金及税费缴纳基数、确定收益在不同主体间分配比例等五方面建立增值收益分配机制。

（三）研究述评

国外关于农村集体建设用地的研究甚少，但关于土地问题的研究无论是理论研究还是政策实践都较为成熟，其理论和实践能为我国提供参考。国内关于集体建设用地问题的研究日益增多，为本项目开展集体经营性建设用地入市的研究打下了必要的基础。但从上述关于集体经营性建设用地入市的成果来看，该方面的成果却还比较欠缺，目前还处于摸索阶段，对集体经营性建设用地入市中的一些深层次问题还有待进一步加强，比如入市受哪些主要因素影响？公开入市与隐形入市两种入市的效率以及为何在实行公开合法入市的试点地区仍然存在大量隐形入市，为什么会出现这种情况呢？从集体建设用地自发流转到合法入市的转变，以及入市发展过程中所内含的机理机制又是什么？等等这些问题都有待学者进行深入研究。佛山南海作为广东省集体土地制度改革的唯一试点，各项政策与实践都走在全国前列，那么其集体经营性建设用地入市实施的效果如何呢？是否实现其预设目标？其入市模式是否普遍适用？能否在全国推广？对上述问题的回答，不仅能为完善和规范农村集体建设用地入市提供理论参考，对开拓农村集体经营性建设用地入市的实践创新发展提供智力和样本支持。

三、农村集体经营性建设用地制度演变过程

土地是农村发展的重要因素，土地资源的配置效率影响农村的发展。集体经营性建设用地作为农村土地利用结构的重要组成部分，也是随着社会经济的发展而变迁的。根据记载资料所示，自改革开放以来农村土地经历了五次较大的改变，其中 2020 年 1 月 1 日开始实施的新《土地管理法》极具里程碑意义，为集体经营性建设用地入市扫除了制度上的障碍，但这一法律的改变不是一蹴而就的，而是经过了不断的变迁而得来的。下面我们梳理一下改革开放以来，农村土地制度的演变过程。

（一）明令禁止阶段（1978—1997）

1978 年我国农村实行的是家庭联产承包责任制，这不仅大大提升了农业的生产效率，还把大量富余农民解放出来。为了解决富余农村劳动力的就业问题，20 世纪 80 年代开始国家鼓励创办乡镇企业，珠三角模式、苏南模式、温州模式随之涌现，导致农村集体建设用地面积不断扩大。与此同时也出现了社队企业圈大院浪费农村集体土地的现象，为此，1982 年国家出台《国家建设征用土地条例》①，规定：“禁止任何单位直接向农村社队购地、租地或变相购地、租地。农村社队不得以土地入股的形式参与任何企业、事业的经营。”1986 年《土地管理法》第三十九条规定：“乡（镇）村企业建设用地，必须严格控制。乡（镇）办企业建设使用村农民集体所有的土地的，应当按照省、自治区、直辖市的规定，给被用地单位以适当补偿，并妥善安置农民的生产和生活。”以

①关于《国家建设征用土地条例(草案)》的说明［EB/OL］.(1982-04-28)［2020-04-25］. https: //www. pkulaw. com/protocol/8556fd21adfd51ad95057219d0dfac97bdfb. html.

此强调耕地保护。1992年《国务院关于发展房地产业若干问题的通知》规定集体所有土地必须先行征用转为国有土地后才能出让。1995《中华人民共和国担保法》规定乡（镇）、村企业的土地使用权不得单独抵押。

（二）局部放松阶段（1998—2012）

1998《土地管理法》修正，规定农民集体所有的土地使用权不得出让、转让或者出租用于非农业建设。进入21世纪后，城市经济吸引了更多的农村劳动力，导致乡镇企业发展步伐放缓甚至破产，闲置的集体经营性建设用地不断出现。2004年《国务院关于深化改革严格土地管理的决定》（国发〔2004〕28号）中提到，在符合规划的前提下，村庄、集镇、建制镇中的农民集体所有建设用地的使用权可以依法流转。2008年中共中央《关于推进农村改革发展若干重大问题的决定》中提到，逐步建立城乡统一的建设用地市场……在符合规划的前提下实现农村集体经营性建设用地与国有土地享有平等权益的改革目标。2009年《关于促进农业稳定发展农民持续增收推动城乡统筹发展的若干意见》（国土资发〔2009〕27号）中提到：加快城乡统一的土地市场建设，促进集体建设用地进场交易。

这一时期，农村集体虽拥有土地所有权，集体经营性建设用地流转也得到了一定程度的松动，但国家仍然掌握着对土地绝对的控制权与剩余索取权，集体经营性建设用地仍然无法直接进入土地市场进行交易。集体经营性建设用地仍然受到诸多限制，比如在使用权方面，只能用于发展农村工业或是促进农业发展的其他用途；在处置权方面，不得作为资产向银行进行抵押。这都限制了农村集体建设用地价值的发挥。由于集体经营性建设用地的发展权与增值收益分配都没得到应有的发挥，潜在的利益诱惑大量的微观主体行使“违法”的土地产权行为，推动了中央对集体经营性建设用地产权结构的改革进程，致使国家在这一阶段颁布增减挂钩政策，比如2004《国务院关于深化改革严格土地管理的决定》中就鼓励农村建设用地整理，城镇建设用地增加要与农村建设用地减少相挂钩。2005《关于规范城镇建设用地增加与农村建设用地减少相挂钩试点工作的意见》中提到，城镇建设用地增加与农村建设用地减少相挂钩。2009《关于促进农业稳定发展农民持续增收推动城乡统筹发展的若干意见》中提到，规范集体建设用地流转，逐步建立城乡统一的建设用地市场。

（三）试点改革阶段（2013—2019）

2013 年 11 月《中共中央关于全面深化改革若干重大问题的决定》中提到：建立城乡统一的建设用地市场，在符合规划和用途管制的前提下，允许农村集体经营性建设用地出让、租赁入股，实行与国有土地同等入市、同权同价。2013 年颁布的《中共中央关于全面深化改革若干重大问题的决定》提到：在符合规划和用途管制前提下，允许农村集体经营性建设用地出让、租赁、入股，实行与国有土地同等入市、同权同价。2014 年颁布的《关于全面深化农村改革加快推进农业现代化的若干意见》提到：引导和规范农村集体经营性建设用地入市……加快建立农村集体经营性建设用地产权流转和增值收益分配制度。2015 年颁布的《深化农村改革综合性实施方案》提到：相关土地规划和经营性用途的存量集体经营性建设用地享有与国有建设用地相同的权利。2016 年颁布的《关于落实发展新理念加快农业现代化实现全面小康目标的若干意见》提到：推进村集体经营性建设用地资产的确权颁证。2019 年颁布的《农村集体经营性建设用地使用权抵押贷款管理暂行办法》提到：已入市和具备入市条件的集体经营性建设用地使用权可以进行抵押贷款。2019 新修订《土地管理法》允许土地所有权人把符合规定的集体经营性建设用地通过出让、出租等方式交由单位或者个人使用。

2013 年到 2014 年是酝酿改革的前奏，2015 年 12 月 27 日颁布的《关于授权国务院在北京市大兴区等三十三个试点县（市、区）行政区暂时调整实施有关法律规定的决定》文件，正式拉开了农村土地改革的帷幕。集体经营性建设用地入市试点改革中，提到满足“符合规划、依法登记，集体成员三分之二以上同意”三个条件即可入市，对比上一阶段的增减挂钩政策，试点改革大大降低了集体建设用地入市土地在用途、流转等方面的限制，通过改革，预期实现合法入市，入市主体、入市方式、入市途径、土地增值收益调节金等得到明确，抵押权能得以实现，入市交易平台规范便捷。

（四）新《土地管理法》的颁布（2020 年至今）

2020 年 1 月 1 日，新《土地管理法》正式实施，新《土地管理法》第六十三条规定，“集体经营性建设用地，土地所有权人可以通过出让、出租等方式交由单位或者个人使用”，“通过出让等方式取得的集体经营性建设用地使用权可以转让、互换、出资、赠予或者抵押”。新《土地管理法》在集体经营性建设用地入市制度方面的最大变化，或者说是最大亮点，就是改变了过去农村的土地必须征为国有才能进入市场的问题。详细规定为：农村集体建设用地在符合规划、依法登记，并经三分之二以上集体经济组织成员同意的情况下，可以通过出让、出租等方式交由农村集体经济组织以外的单位或个人直接使用，同时使用者在取得农村集体建设用地之后还可以通过转让、互换、抵押的方式进行再次转让。此外，还提到集体经营性建设用地的出租，集体建设用地使用权的出让及其最高年限、转让、互换、出资、赠予、抵押等，参照同类用途的国有建设用地执行。从而将集体建设用地与国有建设用地赋予了平等的法律地位和相同的权能，为建设城乡统一的建设用地市场提供了保证。

四、农村集体经营性建设用地入市的理论来源

（一）土地产权理论

土地产权理论指的是土地产权商品化及土地产权配置市场化理论，包含土地财产的一切权利的总和，包括与土地所有权相联系的各种权利，比如土地所有权、土地使用权、土地抵押权、土地租赁权、土地继承权、地役权等。在我们国家，土地产权可分为土地所有权、土地用益物权和土地他项权利三大类，其中土地他项权利包括土地抵押权、土地承租权、土地租赁权、土地继承权、地役权等多项权利。

我国国有建设用地已经拥有比较完整的土地产权体系，而农村集体建设用地的产权体系还不够完善，存在所有权主体虚位、所有权效力的相对性和权利内容的不完全性、农地承包合同性质不明、农地承包经营权性质不清和土地流转制度存在缺陷等问题。致使集体土地抵押权、发展权、处分权等在2020年新《土地管理法》颁布前都还未实现。借鉴和吸收土地产权理论，能为研究农村集体经营性建设用地提供很好的理论参考。

（二）地租地价理论

地租地价理论有狭义和广义之分，狭义地租是指使用土地所获得的超额报酬或收益；广义的地租是指超额的利润、工资、利息及利用各种生产要素所获

得的超额报酬或收益。地租地价理论早在奴隶制时期就以劳役地租的形式出现；到了封建地租时期，在前期以实物地租为主，后期出现了货币地租；到了资本主义时期则以货币地租为主；而在社会主义社会中，它反映的国家、集体和个人三者对土地收益的分配关系以及国家用于调节社会生产和分配的经济杠杆。通过地租地价理论，特别是对绝对地租的分析，农村村民以及农村集体经济组织可以被认为是农村土地的权利所有人，拥有绝对地租所赋予的收益权，这为制定集体建设用地入市收益分配提供了理论支持。

（三）博弈理论

博弈论又叫对策论（Game Theory），是现代数学的一个新分支，也是运筹学的一个重要学科。博弈理论从最开始的零和二人博弈，逐渐发展成为非零和N人对弈，应用领域也从单纯的政治领域，逐渐到多个领域，当然已成为经济学的标准分析工具之一。诺依曼于1928年证明了博弈论的基本原理，这标志着博弈论正式诞生。博弈理论的思想在中国很早的相关著作中均有体现，比如《孙子兵法》。博弈论包含五个要素：局中人、策略、得失、结果和均衡。博弈论研究的假设前提有三个，第一个是决策主体是理性的，总是倾向于最大化自己的利益；第二是完全理性是共同知识；第三个是每个参与人被假定为对所处环境及其他参与者的行为形成正确信念与预期。以博弈理论作为理论依据，在农村集体经营性建设用地入市收益分配的决策中，通过研究政府、集体、农民以及用地方等各个利益主体之间的状态，从而把握分配的比例和方式，最终确定合理的收益分配方式。

五、研究思路、研究方法及主要内容

（一）研究思路

本书通过对集体经营性建设用地入市主体和政府间的博弈均衡分析、对集体经营性建设用地入市影响因素、对入市实施绩效评价来揭示入市发展的机理；运用广东南海的实际调查数据，分析集体经营性建设用地入市试点政策效应，寻求优化集体经营性建设用地入市试点政策机制的途径。

本书有三个主要目标，首要目标是对集体经营性建设用地入市试点政策的效应机理进行理论探索。我国现行各试点地区对集体经营性建设用地入市模式还没有统一，实践界对集体经营性建设用地入市政策仍处于摸索阶段，学术界对集体经营性建设用地入市的内在机理还有待深化，因此本研究意欲在借鉴相关理论和已有研究成果的基础上，紧扣中国国情，拓展研究方法，从机理和本质上探讨农村集体建设用地入市问题。

第二个目标是在理论指导下，在扫描调查全国 33 个试点县区的基础上把广东南海作为重点调研实践调查，探究集体经营性建设用地入市的主要形式、收益分配现状、入市规模等内容，抽象概括出集体经营性建设用地入市的总体特征，并指出集体经营性建设用地在入市中出现的主要问题及未来发展的趋势。

第三个目标是通过理论和实践相结合的方法，对集体经营性建设用地入市在土地资源利用管理方面、在农村经济增长方面、在社会效益方面产生的绩效做全面的评价；此外，还对比隐形入市与公开入市两种入市形态所产生的不同绩效；在此基础上完善农村集体经营性建设用地入市的恰当模式。

本书的具体思路如图 1 所示：

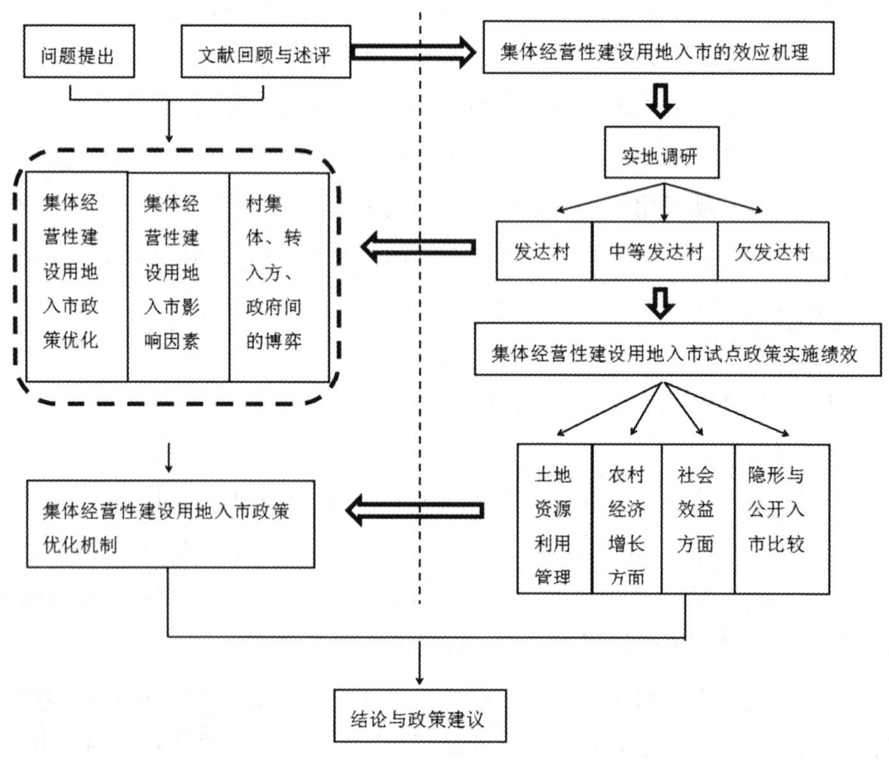

图1-1 技术路线图

（二）研究方法

1. 理论模型分析。通过建立博弈模型对村集体、转入方和地方政府的选择行为进行分析，从而对集体经营性建设用地入市发展过程的各种可能性进行预测和研判，以便更好地完善入市政策。

2. 实地调查。本研究拟重点在广东佛山南海各村开展，主要通过座谈和问卷等方式就村集体组织、村民、村干部等对集体经营性建设用地入市的看法、认识、意愿等进行深入调查。

3. 计量分析方法。运用因子分析、回归分析等计量经济学分析方法，建立多个理论实证模型，以对集体经营性建设用地入市的相关问题进行定量分析。

4. 案例研究法。在 33 个试点县区中选取佛山南海作为主要的研究案例，突出案例的典型性和真实性。在对南海集体经营性建设用地入市试点政策落实情况及现状调查的基础上，提炼出南海集体经营性建设用地入市的模式，并基于交易费用经济学范式来详细解释其入市过程及入市模式选择的影响因素。

5. 比较分析法。比较分析法在本项目中主要应用在对南海区内出现的以村集体作为入市主体的模式与以土地整备中心为入市主体的模式进行比较。

（三）研究内容

本书的研究内容主要分为八个部分：

1. 导　论

首先，主要介绍本书的研究价值、意义、农村集体经营性建设用地制度的演变过程、农村集体经营性建设用地入市的理论基础及对本书的借鉴意义。此外，还介绍了本书的研究思路、研究方法及主要内容。

2. 南海农村集体经营性建设用地入市试点改革的实践

通过资料搜集法来了解南海区区情及国土资源情况；然后对南海集体经营性建设用地入市试点政策落实的调查进行分析，并详细分析南海农村集体经营性建设用地入市改革试点情况；归纳出南海区农村集体经营性建设用地入市情况典型做法及取得的成效。

3. 南海农村集体经营性建设用地入市效果差异及其成因分析

本部分选取广东南海和河南长垣作为研究区域，采用实地调研、问卷调查和案例对比研究的方法，从村民对农村集体经营性建设用地入市认知、态度、意愿，试点政策特征、产业结构、市场化程度、入市收益分配，入市平台、主体、范围、方式及途径因素等方面解释入市成效上的差异。结果显示，两试点村民入市意愿、入市交易平台、入市范围的差异不是很明显，而产业结构、市场化程度、入市收益分配、入市主体、入市方式、入市途径方面则有较大的区别。本部分最后对农村集体经营性建设用地入市的全国顺利推开提出对策建议。

4. 南海村民对农村集体经营性建设用地入市意愿及其影响因素分析

本部分以广东南海 7 个镇街的村民为调查对象，通过随机调查的方式有效获得 596 位村民的调查问卷。运用描述性统计和 Logistic 回归模型等方法，分析了村民对农村集体经营性建设用地入市的认知及意愿，同时找出村民响应农村集体经营性建设用地入市的关键因素。本部分最后提出促进村民响应农村集体经营性建设用地入市的建议。

5. 南海农村集体经营性建设用地入市实践中两种模式的比较

在调研中，发现了广东南海集体经营性建设用地入市实践中呈现两种入市方式的事实，本部分主要在分析地方政府选择两种不同模式的原因及目的的基础上，运用社会分析四层次框架、制度可持续发展框架和威廉姆森的交易费用经济学范式来深入分析两种模式的交易属性和行动主体的特征，并从资源利用、收益分配、入市效率、外部影响等四方面来比较两种模式的绩效，然后提出广东南海农村集体经营性建设用地入市方式的改进思路及提升对策，并为珠三角及全国其他类似地区的农村集体经营性建设用地的入市实践提供参考。

6. 南海农村集体经营性建设用地入市创新模式 —— 整备入市

本部分先运用博弈论对南海农村集体经营性建设用地整备入市进行博弈分析。然后以广东南海的 1 街道 6 镇的 503 位村民为调查对象，采用问卷调查法和 Logistic 回归模型，分析广东南海在农村集体经营性建设用地整备入市实施过程中，村民对整备入市制度的认知和意愿，并探究村民响应农村集体经营性建设用地整备入市的影响因素。接着厘清农村集体经营性建设用地整备制度的概念内涵，再分析南海农村土改历程及指出土地整备制度提出的基础依据，继而从理论上剖析南海农村土地整备运作机制并通过案例来评价其实施效果，最后对南海农村土地整备制度的发展优化提出建议。

7. 南海农村集体经营性建设用地入市依然存在的问题

2020 年 1 月起，新修改的《土地管理法》正式实施，允许集体经营性建设用地不经过地方政府征收而直接入市，但现实中允许入市和入市改革实践之间还存在较大差距。南海农村集体经营性建设用地入市虽然大胆创新探索，但在具体的实施过程以及未来推动入市进场中，依然存在需要解决的问题。

8. 政策优化建议

南海农村集体经营性建设用地入市在试点改革中取得了较好的成效，但困难依然较多，依然有待破解。本部分主要通过本书各种的研究结果，将在入市意愿、入市制度建设、入市融资权能、收益分配及村集体监管体系等方面提出进一步提升或完善的政策建议。

第二章 广东南海农村集体经营性建设用地入市试点改革的实践

一、南海区区情及国土资源情况

佛山市南海区位于广东省中部，珠三角腹地，与广州接壤，辖区面积1073.82平方千米。2002年12月，国务院批准调整佛山行政区划，撤销县级南海市，设立佛山市南海区，全区总面积1071.55平方千米。2013年，广东省民政厅批准调整南海区行政区划，同意撤销南海区罗村街道办事处，将其行政区域并入南海区狮山镇。调整后，南海区下辖桂城街道和九江、西樵、丹灶、狮山、大沥、里水6个镇，区政府驻地桂城街道。截至2020年6月，南海区共辖1个街道6个镇，2019年年末，南海区常住人口303.17万人。2019年，南海区实现地区生产总值3176.62亿元。南海区农用地总面积40191.76公顷，其中耕地面积12188.34公顷，园地面积4199.86公顷，林地面积6803.88公顷，牧草地面积4.34公顷，其他农用地面积16995.34公顷。

南海是改革开放的先行区，曾创造县域经济发展的“南海模式”。早在20世纪80年代，南海区即凭借优越的区位条件，工业化和民营经济迅速发展，农村集体建设用地不断被征用。农村用地的集约化、适度规模化及资产民主化管理等问题日益突出，到了1992年南海就率先设立农村股份合作制，开展农村集体产权制度改革的探索。经过三十余年摸索，南海在产权主体界定、成员资格界定、股权管理、股份权能完善、政经分开等关键问题上探索出了诸多经验，取得了显著成效，可为全国其他地区的产权制度改革提供有益的借鉴。另一方面，南海在农村集体建设用地流转方面也经过了多年的实践摸索，已然积累了不少的实战经验，在2015年2月还成了集体经营性建设用地入市试点区域，试点期间南海区政府大胆创新，勇于探索，取得了很好的成效。

南海在成为集体建设用地入市试点区域以前，其土地利用现状情况为：农用地面积 617805 亩，占土地总面积的 38.44%，其中耕地面积 184155 亩，园地面积 64050 亩，林地面积为 102345 亩，牧草地面积为 75 亩，其他农用地面积为 267180 亩；建设用地面积 810675 亩，占土地总面积的 50.44%，其中城乡建设用地面积为 696960 亩；其他土地面积为 178845 亩，占土地总面积的 11.13%。

南海在成为集体建设用地入市试点区域以后，2019 年佛山市农村集体资产达 968.85 亿元（不含土地作价），集体经济总收入 206103 亿元，人均分红为 4750.02 元。全区进入农村集体资产交易平台交易的资产 5.2 万宗，涉及合同标的金额 303.7 亿元。截至 2019 年底，佛山市南海区累计入市地块 135 宗，土地面积 220.41 公顷，成交总金额 116.5 亿元；抵押融资地块 53 宗，抵押土地使用权面积 70.2 公顷，抵押价值 34.1 亿元；整备地块 5 宗，面积 18.87 公顷；片区综合整治项 2 个，面积达 323.87 公顷。

二、农村集体经营性建设用地入市改革试点情况

（一）南海农村集体经营性建设用地入市试点改革前的股改情况

南海农村产权改革，为入市试点的收益分配问题创造了条件。早在 20 世纪 90 年代，南海农村集体土地不断被征用，集体资产的增加引起来自村庄成员的关注，集体成员权界定越发困难，从而引发出一系列的治理危机。为此，南海对农村土地产权进行探索，提出了农村土地股份制改革，具体由南海区政府主导设计和建立一套市场化逻辑的农村集体资产的分配、交易、管理和经营制度，并将农村集体土地按股份量化到农户，规定增人不增地、减人不减地，同时设立村集体经济组织，实践证明这是一条可行的道路，为农村集体建设用地的入市奠定了基础。

（二）南海农村集体经营性建设用地入市试点改革前的流转情况

在南海农村集体经营性建设用地入市试点前，广东已经对集体建设用地流转进行了十多年年的改革尝试，比如广东省政府早于 2003 年发布《关于试行农村集体建设用地流转的通知》，2005 年发布《广东省集体建设用地流转管理办法》。南海作为改革的弄潮儿，在 2009 年开始“三旧”改造，对集体建设用地流转进行尝试。这些都为南海农村集体经营性建设用地入市试点改革打下基础。在改革试点前夕，南海 73.95% 的工矿仓储用地和 72.28% 的商服用地都是

来自集体建设用地。在改革试点前，南海农村村民的入市意愿就比较高，改革前涉及的交易地块都得到了村民的表决通过。

（三）南海农村集体经营性建设用地入市试点实施情况及现状调查

南海区积极落实农村集体经营性建设用地入市试点政策，本部分就其入市现状、入市期限、入市价格 3 个方面做出调查并分析存在的问题，在此基础上探讨相应方案。

1. 南海农村集体经营性建设用地入市方式

2015 年，南海区成为广东省唯一的一个被赋予农村集体经营性建设用地入市改革试点地区，其实，早在此前，南海的农村集体经营性建设用地已经进入流转状态，而此次只不过是流转的合法化。通过对南海资源交易中心相关人员的调查及相关数据的统计分析可知，目前南海区集体经营性建设用地流转总数为 13741 宗，流转面积达 173. 45 平方千米。具体的流转方式见表 2-1。

表2-1 南海农村集体经营性建设用地入市方式

入市方式	宗数	占比
以出租方式	12559	91. 398%
出让方式	1177	8. 565%
其他方式	5	0. 036%

从表 2-1 的调研数据看，南海农村集体经营性建设用地入市方式以出租方式为主，占比高达 91. 61%，以出让方式和其他方式入市的占比合计不到 10%，说明南海农村集体经营性建设用地入市租赁特征凸出，合法入市没有根本改变跟过去一样的流转方式。总的来说，南海区农村集体经营性建设用地入市方式出租特征明显。

2. 南海农村集体经营性建设用地入市期限

南海农村集体经营性建设用地入市期限的调查结果如图 2-1 所示，南海区集体经营性建设用地流转租期以 21 ～ 30 年为主，占比高达 41. 47%；第二位的是 11 ～ 20 年租期，占比为 20. 29%；第一第二位合计占比高达 61. 76%，占比最少的是租期超过 50 年的占比为 1. 75%。由此可以看出，南海区集体经营性建设用地流转租期主要集中在 11 ～ 30 年。总的来说，南海农村集体经营性建设用地入市期限比国有土地的 70 年要短。

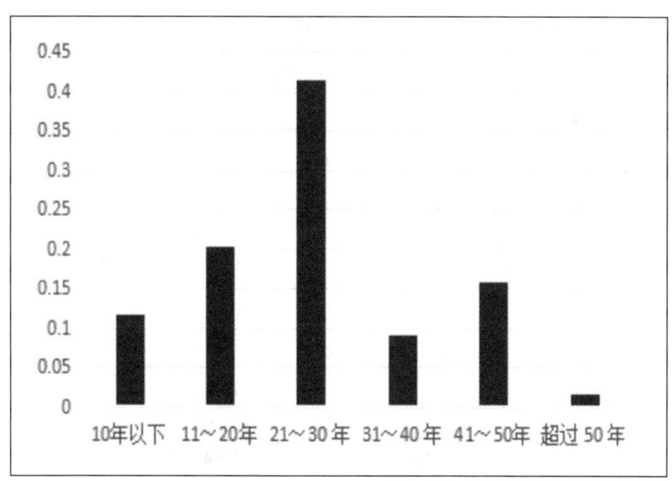

图2-1 南海农村集体经营性建设用地入市期限

由于南海区农村集体经营性建设用地基本处于流转状态，且以存量集体经营性建设用地为主，因此南海区集体经营性建设用地供给规模呈现出“到期量决定供给量”的特点。表 2-2 是南海区未来六年到期的土地面积及宗数情况，从到期的集体经营性建设用地数量来看，2020 年南海区集体经营性建设用地到期量最多，到期的集体经营性建设用地面积为 311.55 平方千米，到期宗数达到 503 宗；2022 年南海区集体经营性建设用地到期量最少，到期的集体经营性建设用地面积为 211.28 平方千米，到期宗数达到 233 宗，比 2020 年少了一半还不止；其后逐年攀升，到了 2025 年到期的集体经营性建设用地面积为 450.63 平方千米，到期宗数达到 433 宗。

表2-2 南海集体经营性建设用地到期面积及宗数

年份	面积（平方千米）	宗数
2020	311.55	503
2021	387.11	389
2022	211.28	233
2023	365.26	353
2024	362.12	449
2025	450.63	433

3. 南海农村集体经营性建设用地入市价格

表 2-3 是南海各镇街农村集体经营性建设用地入市土地租金和物业租金情况，其中土地入市价格明显比物业入市价格低。在土地租金中，最高的是桂城街道，为 6.24 元 / 月 / 平方米；第二高的是大沥镇，为 5.19 元 / 月 / 平方米；最低的是西樵镇，为 1.00 元 / 月 / 平方米；整个区的土地租金价格平均为 2.99 元 / 月 / 平方米。在物业租金方面，最高的是桂城街道，为 22.02 元 / 月 / 平方米；第二高的是大沥镇，为 18.39 元 / 月 / 平方米；最低的是九江镇，为 8.32 元 / 月 / 平方米；整个区的物业租金价格平均为 15.91 元 / 月 / 平方米。整体来说，物业租金价格都高于土地租金价格，并且呈现由东向西逐渐递减的趋势。

表2-3 南海各镇街土地租金和物业租金情况

镇街	土地租金（元 / 月 / 平方米）	物业租金（元 / 月 / 平方米）
桂城	6.24	22.02
九江	1.84	8.32
西樵	1.00	12.98
丹灶	1.03	14.55
狮山	2.03	12.77
大沥	5.19	18.39
里水	2.27	9.74
整个区的平均值	2.99	15.91

4. 存在问题

第一，南海村民集体产权意识认识不到位，流转方式单一。

从上面的第一部分分析可知南海区集体经营性建设用地流转以出租方式为主，租赁经济特点非常明显。经对村民的访谈得知，很多村民认为土地出让了就不再是自己村的了，也有村民提到他们一直都是以土地或物业出租的方式流转的，也有部分村民认为出租才能比较好地保护好村里土地。

下面我们对村民的这些想法做出一些解释：首先，村民对土地产权流转认识不到位。村民认为出让土地就意味着土地不再属于村集体，本村的利益格局会遭到破坏，因此村集体在集体经营性建设用地进行出让时是不太支持的，这直接导致集体经营性建设用地出让宗数较少；但实际上出让其实年限到了，土地一样是归还给村集体，其实是与出租是一样的。第二是受路径依赖影响，由于南海早在 20 世纪 90 年代就开始对集体土地的流转进行探索，一直都是以土地出租的方式流转为主，对出租的方式熟悉，并且他们也习惯于以土地出租的方式来获取收入，以此保障村民本身的基本利益。第三就是当前的土地流转法律保障依然不是很明朗，导致村民和村集体都以保守的出租方式来流转土地或物业，以此规避一些不必要的风险。

由于流转方式以出租为主，导致南海区集体经营性建设用地难以用于抵押，土地的投融资功能普遍缺失，这会影响有实力的企业的进驻，也会降低土地效益的发挥。总之，由于南海村民对农村集体经营性建设用地入市认识存在偏差、出租观念牢固等，导致南海集体经营性建设用地入市方式没有根本性改变，依然以出租为主，没有发挥土地的应有效益。诚然，租赁经济的特点虽然短时间内成效快，但对于促进南海区长期发展以及推动地方产业转型升级是不太理想的，进而影响南海集体经营性建设用地入市改革的效果。

第二，南海集体经营性建设用地入市期限短。

在南海各镇街的集体经营性建设用地入市中，南海村集体普遍选择短期出租，这也隐含着村民普遍预期农村集体经营性建设用地的升值预期。此外，我们调研中还发现尽管南海土地或者物业出租年限并不是十分长，但村集体与企业签订租金合同时，都非常明确标出其租金每隔几年都会递增，有的五年一涨，有的三年一涨，有的甚至是两年一涨。由于农村集体对土地升值预期明显，集体经营性建设用地流转租期偏向于短期化。但从企业角度出发，只有在更加稳定的和长期的合同条款下，投资人的预期才会更加稳定，投资意向才会加强，才能有效促进企业实现自身的转型升级，促进集体经营性建设用地的优化配置和集约利用。

第三，南海集体经营性建设用地入市区域内不均衡。

南海区位相对特殊，东边靠近广州，整个区大概可以划分为东、中和西部片区，其中东部片区包括桂城、大沥、里水，中部片区主要包括狮山，西部片区包括西樵、九江、丹灶。受到广州这个省会一线大城市的辐射，其东边土地价值或者物业出租价格都相对较高，导致南海土地入市价格呈现由东向西逐渐递减的趋势。南海集体经营性建设用地入市租金水平除了受区位影响外，还受片区的经济发展水平、产业结构和交通条件的影响。东部片区的土地租金以及物业租金相对较高的主要原因有：第一，东部片区与广州市中心城区相连，地理位置优越，受广州城区的辐射影响，土地或物业的租金极具优势，此外，东部片区的经济发展基础好，集体土地入市的数量及入市价格都较为理想。第二是东部片区的产业结构比较高端，主要以金融商业为主，而金融商业的土地或物业价格普遍比工矿仓储用途的地价高，这也是东部片区土地或物业租金价格较高的重要原因，而狮山镇等中、西部片区由于其区位优势不如东部片区明显，价格普遍较低。三是由于东部片区面积广，区内不同村集体之间的发展水平和土地收益存在较大的差异，挨近广州城区的村的土地或物业价格更高。总的来说南海集体经营性建设用地入市区域内不均衡，东、中、西部片区土地或物业出租价格差异大，每个区域内不同村委会、村经济社由于发展水平不同，其相对应的土地或物业出租价格差异也大。

（四）南海农村集体经营性建设用地入市试点改革的主要做法

第一，进一步落实确定成员资格。通过出台《佛山市南海区农村集体经济组织成员资格界定办法》《佛山市南海区农村集体经济组织成员登记管理办法》等制度文件，按照民主议决的方式由集体经济组织成员大会民主表决确定成员资格，同时确定成员资格的取得及取消的时间节点。以此化解历史遗留问题，扫清改革障碍，为南海农村集体经营性建设用地的顺利入市奠定基础。

第二，推进股权确权到户。南海区形成了“确权到户、户内共享、社内流转、长久不变”的股权确权模式，积极倡导户内股权均等化。明晰了集体经济组织内部的产权分配，明确界定了农民与集体的经济利益关系，较好地解决了农村集体产权制度不清晰、不稳定等内部股权纠纷问题。为南海农村集体经营性建设用地的顺利入市扫除内部障碍。

第三，摸清集体建设用地的底细，出台入市配套政策。通过政府购买的方式，摸清南海区农村集体建设用地地块的具体情况，对入市地块进行了调整，使其全部符合规划管控要求；制定了集体建设用地基准地价和基准地租，出台一系列配套政策体系，从入市管理、土地收益调节金征收、完善用地手续、公开交易、抵押融资，到产权登记等各个环节，共出台了 13 个政策性文件，基本实现了集体土地和国有土地两个市场的接轨，为农村集体建设用地入市有法可依、有法可寻。

第四，大胆创新，出台《广东省佛山市南海区农村集体经营性建设用地入市试点实施方案》，制订了一系列政策文件，包括入市管理试行办法、资产交易办法、财务管理办法、抵押融资、综合整治、产业载体等11份入市政策文件，以此突破上位法，变不可能为可能。

三、南海区入市情况亮点及典型案例

（一）入市改革亮点

第一，构建农村集体建设用地的入市政策体系。

南海政府从工作方案、入市对象、入市操作细则、收益分配等方面搭建集体经营性建设用地入市“1+9”政策体系，制定全流程政策要求和操作细则。具体为：《佛山市南海区农村集体经营性建设用地入市管理试行办法》《佛山市南海区存量农村集体经营性建设用地完善手续实施细则》《佛山市南海区存量农村集体经营性设用地土地增值收益调节金与规费征收使用管理试行办法》《佛山市南海区农村集体经营性建设用地抵押融资管理试行办法》《佛山市南海区关于开张农村集体建设用地片区综合整治的指导意见》《佛山市南海区农村集体经营性建设用地产业载体项目管理试行办法》《佛山市南海区农村集体经营性建设用地整备管理试行办法》《佛山市南海区农村集体经营性建设用地入市公开交易规则》《佛山市南海区农村集体经营性建设用地入市监管指导意见》《佛山市南海区农村集体经营性建设用地片区综合整治项目立项操作细则的通知》。

第二，建立集体经营性建设用地整备入市制度。

南海的农村建设用地大多量大块小、零星分散，为了提高地块的效益，南海政府大胆创新，推出尝试集体土地整备制度，也就是通过成立区、镇两级土地整备中心，以收购或托管方式将符合入市条件的集体经营性建设用地进行整合清理、产业规划以及前期开发等工作，整理后统一招商入市，实现集体土地统筹开发。以这种办法来解决南海农村集体建设用地的细碎化问题，实现对农村建设用地的统筹利用，最终达到市场对地块质量的需求。

第三，尝试集体经营性建设用地产业载体政策。

产业载体用地政策，是指经认定的集体经营性建设用地出让用以商服、工矿仓储用途进行开发的，竣工验收后，可按规划、住建部门审定的房屋基本单元进行分割登记、分拆销售。南海创新性提出并实践集体经营性建设用地产业载体政策，不仅让企业加快回笼资金，也能提升集体经营性建设用地的利用效率；此外，还能引进规模较大、水平更高的企业进驻，从而促进企业产业的转型升级。桂城街道的御堡国际商务中心就是运用集体经营性建设用地产业载体政策开展实施的项目。

第四，创设片区综合整治模式。

片区综合整治指的是对连片低效的集体土地划定片区范围，通过土地利用总体规划和城乡规划的修改和报批、土地复垦、地类变更、土地权属调整等综合措施，重新调整与划分宗地，并重新确定集体土地的产权归属，统一进行土地前期整理和基础设施配套建设，从而推动集体土地的连片整合开发。南海创设片区综合整治模式，是通过土地置换的方式、遵循“面积相近、双方自愿、凭证置换”的原则来实现的。南海的“全球创客小镇”，就是通过片区综合整治而实现的，通过连片开发土地，才能满足“全球创客小镇”产业规模化发展需求。

第五，与国有土地互为补充。

在试点改革过程中，南海集体建设用地市场入市主要以出租为主，而国有土地市场主要以出让为主，这就形成了两个市场同时并存，两种方式互为补充的局面。而南海政府灵活采取“租让并用”的方式，尝试南海集体建设用地入市多方式进行。南海的星港城项目就是探索集体建设用地出让和租赁并用的典型一例。为了节省前期成本，开发商广东荔盈置业有限公司与沙溪村集体协商，采用部分土地出让、部分土地租赁的方式来进行综合开发。租让并用的方式对集体土地要素的灵活配置，在提高土地利用效率的同时，也调动了开发者使用集体土地的积极性，从而助推了集体经营性建设用地市场的发展。

（二）典型案例分析

1. 南海区大沥镇布鲁森国际实验幼儿园项目

布鲁森国际幼儿园是南海土地制度改革试点后的第一个集体建设用地入市

项目。该项目用地位于南海区大沥镇博爱东路与富康路交会口，地理位置优越，属于佛山市南海区大沥镇太平村北海股份合作经济社农民集体所有，总用地面积为19286.7平方米（约28.93亩），土地规划用途为科教用地，规划建筑面积为26582.08平方米。

这个项目的显著特点是以其优惠的低价吸引企业的典型案例。这地块是由佛山市金顺隆物业投资公司以总价5786万元、单价200万元/亩的价格通过挂牌方式取得该地30年使用权。金顺隆公司选择使用集体土地的主要原因在于：相对于同等区位的国有土地，集体土地地价或租赁价格相对较低，出让或租赁的期限相对灵活，土地使用期限为30年，短于国有土地出让年限，降低了企业的前期投入成本，也足够收回投资，拿地后还可以地融资。据资料得知，金隆公司取得这块土地的使用权后，向南海农商行申请抵押，成功获得6800万元融资贷款，这比拍得地价的5786万元还多出了约1000万元，完全涵盖了土地的投资成本。

据调查，入市改革前，布鲁森国际幼儿园地块已经由原用地企业与农村集体经济组织签订了30年的土地租赁合同。趁着试点改革，用地企业看到了政策红利，希望通过出让方式获得集体建设用地使用权，以抵押盘活资金，经与村集体协商，提前终止了地块租赁合同，重新以出让的方式获得该地块的使用权，也即是通过公开招、拍、挂的方式获得出让性质的土地。该地块之所以如此顺利如此快速实现入市，那是因为它本身是符合土地利用总体规划要求的；而且入市前已经终止了此前的租赁合同，入市就不涉及原土地使用权人的产权处理问题，同时它也已取得集体土地所有权和使用权的不动产权属证书，地块权属无争议。

2. 南海区桂城街道御堡国际商务中心项目

御堡国际商务中心项目位于南海区桂城街道清风中路B22号地块，总用地面积为69197平方米（约103.8亩），规划建筑面积为23.8万平方米，土地性质为集体建设用地，系夏南二股份合作经济社的农村集体建设用地，土地规划用途为商服用地。该项目地块于2012年11月，在桂城街道农村集体资产交易平台公开出让，2013年1月22日由佛山市钧堡投资发展有限公司竞得，成交价为20760万元，折合200万元/亩，出让年限为40年。

该地块的主要特点是借助政策红利，借助广东金融高新技术服务区、广东都市型产业基地、三山新城三大产业平台的产业发展优势，同时以产业载体的方式来探索项目分割登记、分拆销售，从而实现集体土地的分割登记、分拆销售，从而盘活用地企业的资金，加大企业投资，提升产业发展动力。

根据用地企业表示，当时之所以选择农村集体经营性建设用地，也是因为它与国有土地相比，价格便宜了很多，同时也能获得银行的授信贷款，从而也能把农村集体经营性建设用地所具有的资产价值充分盘活。

四、南海试点改革前后农村农业绩效水平对比

2015 年南海开始试点改革，2014 年全区全年粮食作物播种面积 21053 亩；经济作物播种面积 110619 亩，花卉播种面积 64461 亩，其他作物播种面积 424396 亩。2014 年全年粮食产量 7010 吨，油料产量 218 吨，蔬菜产量 487555 吨，水果产量 1299 吨。全年肉类总产量 1.81 万吨，其中猪肉产量 0.84 万吨，禽肉产量 0.98 万吨，水产品产量 19.67 万吨。2019 年南海实施试点改革的第四年，全区全年粮食作物播种面积 5990 亩，经济作物播种面积 50440 亩，花卉播种面积 47028 亩，其他作物播种面积 192513 亩。2019 年全年粮食产量 2118 吨，蔬菜产量 303931 吨，水果产量 2891 吨。全年肉类总产量 1.70 万吨，其中猪肉产量 0.84 万吨，禽肉产量 0.86 万吨，水产品产量 19.50 万吨。通过比较 2019 年和 2014 年也就是改革试点前后的农业情况，2019 年的粮食作物播种面积减少明显，但从表 2-4 得知，南海 2019 年的农林牧渔业总产值比 2014 年增长了 53161 万元，其中农业产值比 2014 年增长 14937 万元，牧业产值、渔业产值和农林牧渔专业及辅助性活动产值等都有不同程度的增加，只有林业产值是降低的。

表2-4 2014年与2019年南海农林牧渔业总产值和增加值（单位：万元）

产值	2014 年	2019 年
农林牧渔业总产值	847155	900316
1．农业产值	423778	438751
2．林业产值	1680	823
3．牧业产值	43113	68651
4．渔业产值	328579	331962
5．农林牧渔专业及辅助性活动产值	50005	60129

注：产值、增加值绝对数按当年价，增幅按可比价计算。数据来自 2020 年南海区统计年鉴

表 2-5 是 2014 年与 2019 年南海各（街道）农林牧渔业总产值。从表可知，丹灶和大沥农林牧渔业总产值增加最大，其中丹灶 2019 年的农林牧渔业总产值比 2014 年增加 119182 万元，大沥 2019 年的农林牧渔业总产值比 2014 年增加 81468 万元。

表2-5 2019年与2014年南海各（街道）农林牧渔业总产值（单位：万元）

镇街	2014 年	2019 年
桂城	57753	42731
九江	122484	124702
西樵	169815	169588
丹灶	103462	222644
狮山	183618	57831
大沥	65970	147438
里水	144052	135382

注：数据来自 2020 年南海区统计年鉴

五、南海农村集体经营性建设用地入市取得成效

第一，大大提升了村民的获得感。

南海在农村集体经营性建设用地入市改革之前，经济社会发展等方面就已

经取得了较好的成绩，较早步入了比较富裕城市的行列，村民们的生活普遍较为殷实。自农村集体经营性建设用地入市改革以来，农村集体经济社经济财力比改革前明显增强，分红从原来的人居五千多元上涨到上万元，有些村都超过上万元。根据调研得知，提升增加的绝大部分是来源于农村集体建设用地的入市或者建设用地上盖物业的入市收益。

第二，初步建立了城乡统一的建设用地市场。

南海农村集体经营性建设用地入市获得试点改革权限，意味着南海拥有突破原法律屏障的可能，由此，南海构建了较为完整的入市制度及配套政策体系，使集体土地权能得到进一步释放、价值得以提升，初步实现了集体经营性建设用地同等入市，基本做到了“两地”同权，但未能同价。通过对南海出台的相关政策的阅读分析，得知南海农村集体建设用地入市相关政策具有灵活性与多样性，这是南海政府结合市场需求而做出的现实选择。此外，南海还探索实施了农村集体经营性建设用地使用权抵押、租金收益权质押融资等融资方式，进一步促进农村集体土地市场与国有土地市场的统一。试点中，由于集体建设用地入市的政策设计与市场管理思路既与国有土地保持了总体一致性，又切合了集体建设用地自身的特点和市场需求，使南海集体建设用地的供应结构、供地规模及功能等均与国有土地逐步形成多元互补格局，促进了当地城乡统一建设用地市场的初步形成。

第三，提升了政府对农村集体经营性建设用地的管理效益。

通过构建区镇两级的农村集体建设用地信息管理系统，南海区政府将全区农村集体经营性建设用地数据化，统一纳入系统管理，还通过政府招标的方式购买服务，对南海全区农村的集体建设用地进行摸底、上图、入库，确保各地块权属清晰，不仅大大推进了农村集体建设用地入市的步伐，还利于区镇两级对地块的整体把控和管理。

第四，提升了农村集体经营性建设用地的融资便捷度。

为激活社会资本对南海农村集体建设用地参与整备的积极性以及入市的吸引力，政府通过创新投融资模式，充分发挥南海区国有资产监督管理局的资金筹措优势，通过国资系统优质的融资平台为项目提供资金支持，引领农村集体经济组织、社会资本参与对地块的改造。其中瀚天科技城项目就充分发挥了南海区国有资产监督管理局的资金优势，对 467 亩农村集体土地统筹规划、连片开发、集聚产业、统一配套，将一片容积率不足 0.5、建筑密度高达 70%、年产值不足 1 亿元、税收不足 100 万元的零乱废旧钢铁市场及低矮平房，成功打造为都市型科技产业园区。

第五，建立了农村集体建设用地基准地价和基准地租体系以及出让或租赁年期。

在农村集体建设用地基准地价和基准地租体系方面，要求集体建设用地出让、租赁的起始价或起始租金、协议出让价或租金、作价出资（入股）价格原则上不得低于农村集体经营性建设用地基准地价（基准租金）的 70%。在农村集体建设用地出让或租赁年期方面，规定无论是出让或者出租期都要提前协商，其中出让的要提前一年协商，出租的提前六个月协商。

第六，提升了土地利用效率，减少土地权属争端。

一方面，南海区政府对农村集体建设用地实行土地整备，通过土地整备，一方面能解决农村集体土地的零星问题，也能大大提升土地的利用效率。另一方面，通过片区综合整治，有效解决了片区改造中涉及入市主体众多、权属交错、地类多样的集体土地开发问题，通过以只认土地面积、不认地块方位的方式重新划分产权归属，最终实现整个土地整治片区村民的皆大欢喜。

第三章 农村集体经营性建设用地入市效果差异及其成因分析

——基于广东南海和河南长垣试点的比较

本章选取广东南海和河南长垣作为研究区域，采用实地调研、问卷调查和对比研究的方法，从村民对农村集体经营性建设用地入市认知、态度、意愿，试点政策特征、产业结构、市场化程度、入市收益分配，入市平台、主体、范围、方式及途径因素等方面解释入市成效上的差异。结果显示，两试点村民入市意愿、入市交易平台、入市范围的差异不是很明显，而产业结构、市场化程度、入市收益分配、入市主体、入市方式、入市途径方面则有较大的区别。最后，对农村集体经营性建设用地入市在全国顺利推开提出建议。

随着 2015 年农村土地改革试点铺开，学界对集体经营性建设用地入市改革的关注度高涨，有关集体建设用地入市流转的动因、模式、存在的问题、入市的配套政策、法制建设、收益分配、路径选择等方面的成果很丰富，比如龙凤、李静等就集体建设用地入市的原因进行了详细的剖析；黄忠、吴彩容、吕萍等着重探讨了不同地区集体土地入市流转模式与特征；罗玉辉、马艳平、宋宜农等研究了集体经营性建设用地入市存在的问题；伍振军对入市的配套政策进行了有益的探索；温世扬、曹笑辉、陆剑等研究了入市的法制建设；申文金、张伟对入市的收益分配开展研究；梁燕[①]对入市的路径选择等进行研究。通过梳理文献发现对农村集体经营性建设用地入市效果差异及其成因进行比较分析的研究尚不多见。当前集体经营性建设用地入市已经在全国铺开，为此加快对不同试点的入市效果及其成因进行分析显得十分必要，文章通过选择佛山南海（沿海）和河南长垣（内陆）典型试点情况进行比较，分析两试点的入市效果

①梁燕. 农村集体经营性建设用地入市路径选择[J]. 农业科学研究，2014（3）：62-66.

及其成因，对于丰富集体经营性建设用地领域的研究有一定现实意义，也为其他非试点地域的顺利入市提供参考。

影响农村集体经营性建设用地入市效果的因素有很多，文章通过对入市试点的主观和客观因素进行分析，以期对广东南海和河南长垣两试点入市的效果做出合理的解释。其中，主观成因主要是对两试点村民的入市意愿及其影响因素方面进行分析，而客观成因将从试点政策特征、产业结构、市场化因素、入市收益分配，入市平台、主体、范围、方式和途径等方面来加以分析。由于关于广东南海村民对农村集体经营性建设用地入市意愿及其影响因素尚未发现具体的研究数据，于是课题组通过调查问卷和构建 Logistic 模型的方法来获取；而关于河南长垣村民对农村集体经营性建设用地入市意愿及其影响因素的数据则参考翟彬、梁流涛《农村集体经营性建设用地入市的农户认知与意愿——基于河南省 324 户农户调查的分析》一文。其他客观成因方面的数据则来源于两试点的国土资源部和公共资源交易中心公布的数据，以及前期对两试点国土资源部的调研和访谈记录，还有部分来自知网数据库。

一、两试点的区域概况

佛山市南海区地处珠江三角洲中部，紧挨广州，下辖 6 镇 1 街道，286 个村（社区），户籍人口 141 万，常住人口超 400 万人，面积 1073.82 平方千米，综合实力名列全国前茅，2018 年 GDP 逼近 3000 亿元，是典型的发达地区。随着工业化、城镇化、信息化和农业现代化的飞速发展，南海区集体经济迅速膨胀，村集体经济收入逐年攀升，2018 年有 197 个村的集体经济收入超亿元，占比超七成。

长垣是河南省直管县市，2019 年 9 月长垣撤县设市，坐落在豫鲁交界处，下辖 11 镇 2 乡 5 个街道，615 个村（社区），户籍人口约 88 万，面积为 1051 平方千米①。长垣凭借其区位优势，成为中原经济区承接沿海发达地区产业转移的桥头堡。2019 年 GDP 为 469.32 亿元，公共财政预算收入完成 30.3 亿元，居民人均可支配收入 22827.8 元。②

①长垣人们政府网http: //www.changyuan.gov.cn/.

②赵祥. “再集体化”与政策协同：集体建设用地入市改革的路径分析——基于广东省佛山市南海区改革试点的经验分析[J].岭南学刊，2019（4）：31-40.

本章选择广东南海作为研究对象，原因有三：一是南海地处东部沿海地区，是广东甚至是全国的改革先锋，农村集体经营性建设用地问题十分突出，是珠江三角洲等相对发达地区的农村土地制度改革的缩影。二是南海的经济发展位列广东省县域经济前列，是典型的工业化城市和较发达地区，南海集体经营性建设用地入市合法化试点颇具意义。三是南海是广东唯一入选的试点，早在 20 世纪 90 年代，由于乡镇企业的迅速发展，大量集体经营性建设用地在地方政府睁一只眼闭一只眼之间悄然入市，因此，该区域具有很强的代表性。选取中部的河南长垣，因其是粮食生产和人口大县，人地矛盾突出，是河南土改的唯一试点。两试点集体经营性建设用地的数量和面积相差悬殊，截至 2018 年 7 月，南海可入市的集体经营性建设用地面积为 257055 亩；截至 2018 年 12 月，长垣可入市的集体经营性建设用地面积为 4729 亩。①

二、两试点农村集体经营性建设用地入市做法和效果

根据调研组对广东南海和河南长垣的调查，得知两试点在集体经营性建设用地入市改革试点开展过程中，都做出了因地制宜的探索，都摸底确定本试点集体经营性建设用地的数量，并确权发证。广东南海的具体做法是：确定可入市的土地类型；制定一系列政策确保入市有序；完善土地交易平台、基准地价体系等配套制度的建设；还创新性地提出并执行集体经营性建设用地整备入市制度。河南长垣的具体做法是：确定可入市的土地类型；制定一系列政策确保入市有序；重点建立与国有土地有效衔接的地价体系、设立入市土地风险补偿金制度；大胆尝试就地入市、调整入市和整治入市等三种入市途径；全面尝试出让、租赁、作价入股三种入市方式。

文章从入市宗数和入市面积的维度分析两试点集体经营性建设用地入市成效。从表 3-1 可知，截至 2018 年 7 月广东南海集体经营性建设用地入市 111 宗，入市面积为 2800 亩，成交金额为 861997 万，亩均 307.86 万。南海试点让集体建设用地入市从违法变成合法，能较好地实现政府、村集体、村民、用地商多方共赢，同时也缩小了城乡居民收入差距，壮大了农村集体经济规模，拓宽

①1亩≈666.7米^2，全书同。

城市发展空间，腾出产业转型升级用地，进一步推进农村土地集约利用。从南海入市实践看，接近 90% 的地块都是租赁形式。从对村集体和村民的调研可知，他们更倾向于掌握土地的所有权，更愿意出租土地而不是出让；而国有建设用地市场交易则以土地出让为主，如此两者在某种程度上恰好形成错位竞争局面，形成互补。

表3-1 广东南海和河南长垣集体经营性建设用地入市效果

试点地区	入市宗数	入市面积（亩）	总成交价款（万元）	平均每亩成交价款（万元）
广东南海（2018.7）	111	2800.00	861997	307.86
河南长垣（2018.12）	192	3657.00	311000	85.04

备注：广东南海数据来源于佛山市公共资源交易中心南海分中心的调研；河南长垣的数据来源于长垣农村土地制度改革试点经验（写入国务院总结报告 https：//www.sohu.com/a/285312165_120041953.）

从表 3-1 可知，河南长垣集体经营性建设用地入市 192 宗，面积为 3657 亩，成交金额为 311000 万，亩均 85.04 万。河南长垣通过“入市 +”大大释放土改红利，通过调整入市方式和变更不符合目录的地块，大胆尝试推动农村土地入市，从而激发农村土地要素的潜在能力，不仅很好地提高了村民的土地权益，还能推动乡村振兴战略的落实。①

三、两试点农村集体经营性建设用地入市效果区域差异成因分析

在本章的第二部分，我们看到广东南海和河南长垣的入市效果，而影响农村集体经营性建设用地入市的效果的要素有很多，主要有村民的主观因素和

①陈卫华，吕萍．产粮核心区农村土地三项改革：经验、难题与破解——以河南长垣为例[J]．农村经济，2019（9）：50-56.

外在客观因素，其中村民主观因素主要是村民对入市的态度、认知、意愿等，而客观因素则有政策特征、产业结构、市场化程度、入市收益分配，入市平台、主体、范围、方式及途径因素等。村民主观成因方面，广东南海的数据通过课题组的调研获得第一手资料，而河南长垣的数据通过知网数据库的已有的研究成果获得；客观成因方面的数据来源于两试点的国土资源部和公共资源交易中心公布的数据，以及前期对两地区国土资源部的访谈记录，还有部分来源于知网数据库。

（一）两试点村民对农村集体经营性建设用地入市意愿及其影响因素分析

由于关于广东南海村民对农村集体经营性建设用地入市意愿及其影响因素尚未发现具体的研究数据，课题组采用过问卷和构建 Logistic 模型的方法来获取。而关于河南长垣村民对农村集体经营性建设用地入市意愿及其影响因素的数据则参考翟彬、梁流涛《农村集体经营性建设用地入市的农户认知与意愿——基于河南省 324 户农户调查的分析》一文。

1. 广东南海村民对农村集体经营性建设用地入市意愿及其影响因素分析

（1）数据来源及样本统计

本章调研具体的调查地点及样本分布情况见表 3-2，其中桂城街道调查的村民来自北约村、南约村、夏西村、叠北村等四个村，有效收回问卷 133 份；九江镇受访的村民来自上东村、沙咀村、河清村、烟南村、镇南村、青叟村、尚中村、沙头北村、向明村等，有效收回问卷 83 份；里水镇受访的村民来自得胜村、五一村，有效收回问卷 90 份；大沥镇受访的村民来自黄岐村、上亨村等六个村，有效收回问卷 88 份；丹灶镇受访的村民来自南沙村、新安村、石联村等十八个村，有效收回问卷 66 份；西樵镇受访的村民来自平沙村、七星村等八个村，有效收回问卷 32 份；狮山镇受访的村民来自小塘村、洞边村、莲塘村，有效收回问卷 104 份。随机抽样调研的时间是在 2019 年 7 ～ 9 月，共发放问卷 650 份，实收问卷 600 份，集中有效问卷 596 份，有效率 92%。为了保证调研数据的可靠性，整个过程都是调研组成员入户调研所得。调查内容分为两大部分：一是有关“村民的基本信息”项，如年龄、受教育情况、收入来源等；二是有关对集体经营性建设用地入市的态度、认知、意愿等。

表3-2 广东南海调查点及样本分布情况

镇（街）	村庄	样本数量
桂城街道	北约村、南约村、夏西村、叠北村	133
九江镇	上东村、沙咀村、河清村、烟南村、镇南村、青叟村、尚中村、沙头北村、向明村	83
里水镇	得胜村、五一村	90
大沥镇	黄岐村、上亨村，大亨村、小布村、西边村、凤西村	88
丹灶镇	南沙村、新安村、石联村、劳边村、良登村、西城村、东联村、下安村、银河村、塱心村、建设村、西联村、东升村、仙岗村、丹灶村、沙滘村、大涡村、联沙村	66
西樵镇	平沙村、七星村、海舟村、新田村、百东村、华夏村、简村、石龙村	32
狮山镇	小塘村、洞边村、莲塘村	104

（2）调查样本统计概况

1）样本特征

本章问卷调查对象的年龄和性别信息统计如下表 3-3 所示。男女比重相同，为50.0%。年龄在30岁以下（不含30），283人，占比47.48%；30（含30）～40岁（不含40），80人，占比13.42%；40（含40）～50岁（不含50），81人，占比13.59%；50（含50）～60岁（不含60），53人，占比8.89%；60岁及以上，99人，占比16.61%。受访村民的文化程度：大专及以上的频数为241，占比40.44%；高中或中专的频数为110，占比18.46%；初中的频数为115，占比19.3%；小学的频数为130，占比21.81%。由此可见，受访的南海村民接近六成学历都是高中或以上，说明南海村民的受教育程度相对较高。

表3-3 受访者的年龄和性别情况

项目特征	类别	频数	百分比（%）
年龄	30 岁以下（不含 30）	283	47.48%
	30（含 30）～ 40 岁（不含 40）	80	13.42%
	40（含 40） ～ 50 岁（不含 50）	81	13.59%
	50（含 50） ～ 60 岁（不含 60）	53	8.89%
	60 岁及以上	99	16.61%
性别	男	298	50.0%
	女	298	50.0%
文化程度	小学	130	21.8%
	初中	115	19.3%
	高中或中专	110	18.46%
	大专及以上	241	40.44%
年收入	2 万元以下（不含 2 万）	174	29.19%
	2 万（含 2 万）～ 4 万（不含 4 万）	101	16.95%
	4 万（含 4 万）～ 6 万（不含 6 万）	114	19.13%
	6 万以上	207	34.73%

从村民家庭的农业依赖度来看，依次选择农业、以农业为主的兼业、以非农业为主的兼业、非农业的人数为 163 人、64 人、79 人、290 人，依次占比 27.35%、10.74%、13.26%、48.66%。从调查结果看，南海村民接近一半都是以非农业为主，这与南海的经济结构、城镇化水平和经济发展水平吻合。

受访村民的家庭年收入情况详见表 3-3，2 万元以下（不含 2 万）的频数为 174，占比 29.19%；2 万（含 2 万）～4 万（不含 4 万）的频数为 101，占比 16.95%；4 万（含 4 万）～6 万（不含 6 万）的频数为 114，占比 19.13%；6 万以上（含 6 万）的频数为 207，占比 34.73%。从调查结果看，超过一半的村民家庭的年收入都超过 4 万，这也是符合南海的经济状况的。

2）村民对南海集体经营性建设用地入市的认可程度

为了解村民对国家现行的土地政策、制度及法律的熟悉程度，我们设置了"您对土地政策的了解程度？"题项来检测，并设置了"不了解、比较了解、了解"三个选项供选择，依次选择的人数为：318 人、140 人、138 人，占比依次为 53.36%、23.49%、23.15%，完全处于"不了解"的村民超过一半，这说明南海对农村土地政策的普及程度还相当不够，村民在土地制度改革中处于被动懵懂状态。

当问及“农村集体经营性建设用地入市效果的预期”时，选择“没效果、有待观察、有效果”依次有130人、301人、165人，占比分别为21.81%、50.5%、27.68%。从调查结果可知，过半的受访者对农村集体经营性建设用地入市效果的预期不确定。

3）村民对南海集体经营性建设用地入市风险的认知

为了了解南海村民对集体经营性建设用地入市风险的认知，我们设置了题目“集体经营性建设用地入市是否会引发风险”，选择“不存在风险、难以预测、存在必然的风险”分别为128人、240人、228人，占比依次是21.48%、40.27%、38.26%。40.27%的村民认为南海集体经营性建设用地入市政策实施的风险难以预测，38.26%的村民认为入市存在必然的风险，因此，降低集体经营性建设用地入市的风险是全面铺开入市工作必须重视的。

4）对集体经营性建设用地入市收益分配的认知

我们设置了题目“您认为谁应该是农村集体经营性建设用地入市后最大的受益者？”和“您认为土地增值收益分配的主体应该包括哪些？”两道题来了解村民对土地入市受益主体的认知，设置了“村民、村集体、地方政府、其他”四个选项，其中第一道题选择的人次依次为216人、160人、124人、96人，占比依次为36.24%、26.85%、20.81%、16.11%。第二道题的选择的人次依次为299人、119人、63人、115人，占比依次为50.17%、19.97%、10.57%、19.3%。两道题的调查结果一致，都认为村民和村集体为最主要的受益者和主体，这说明，村民对农村集体经营性建设用地权属问题认知比较到位，因此南海的土地入市过程中一定要重视村民和村集体的主体地位。

5）对集体经营性建设用地入市的参与意愿

设置“是否愿意本村农村集体经营性建设用地入市”，用于检测农户对集体经营性建设用地入市的意愿。结果显示，218人选择“否”，占比36.58%；378人选择“是”，占比63.42%。总体上看，集体经营性建设用地入市的民众意愿较强，支持率超过六成。

（3）农户响应农村集体经营性建设用地入市的影响因素分析

1）指标选取与模型建立

因变量的确定：本研究的因变量是是否愿意本村农村集体经营性建设用地

入市，“愿意”为 1，“不愿意”为 0。在受访的 596 个村民中，选择“愿意”的村民有 378 位，选择“不愿意”的村民有 218 户，分别占有效问卷总数的 63.42% 和 36.58%。

自变量的选择及影响方向：影响村民对农村集体经营性建设用地入市意愿的因素很多，文章主要选择村民自身特征、家庭特征、对政策了解度及对入市效果的预期等四方面来加以验证。村民自身特征选取：农户学历、年龄、教育情况、风险喜好 4 个题项；家庭特征选取：取农业依赖度、家庭年均纯收入 2 个题项；农户对政策了解度通过设置题项“您对土地政策的了解程度？”来检测；入市效果预期通过设置题项“您对农村集体经营性建设用地入市效果的预期？”来检测。按照已有的关于农村集体经营性建设用地入市流转的相关理论以及实地调研情况的分析，提出如下研究假设。

有关变量说明与赋值情况如表 3-4 所示：

表3-4 变量名称及赋值定义

变量类型	变量名称	变量赋值定义	预计影响方向
因变量	入市意愿	不愿意 =0；愿意 =1	—
自变量	性别	男 =1；女 =2	负向
	年龄	小于 30 岁 =1；≥ 30 且 <40 岁 =2；≥ 40 且 <50 岁 =3；≥ 50 且 <60 岁 =4；≥ 60 岁 =5	负向
	教育	小学 =1；初中 =2；高中或中专 =3；大专及以上 =4	正向
	入市风险偏好	不愿尝试 =1；观望 =2；愿意尝试 =3	正向
	农业依赖度	农业 =1；以农业为主的兼业 =2；以非农业为主的兼业 =3；非农业 =4	负向
	家庭年均纯收入	小于 2 万元 =1；≥ 2 万且 <4 万 =2；≥ 4 万且 <6 万 =3；≥ 6 万 =4	负向
	农户对土地政策的了解程度	不了解 =1；比较了解 =2；了解 =3	正向
	农户对农村集体经营性建设用地入市效果的预期	无效 =1；有待观察 =2；有效 =3	正向

2）模型的建立

村民愿意或不愿意农地入市是一个二向性问题，即村民是否愿意农地入市可以用“是”与“否”来表达，赋值“ 1 ”或“ 0 ”。Logistic 模型的理论基础为二元选择理论，是分析二向性问题的常用工具。根据本研究需要，村民只有愿意接受或不愿接受农村集体经营性建设用地入市两种行为意愿，所以本部分采用二项逻辑回归模型来分析村民对集体经营性建设用地入市意愿的影响因素。

3）模型估计与结果分析

模型估计在 SPSS13.0 软件中进行，采用的 ENTER 方法，Cox & Snell R 方为 0.190，Nagelkerke R 方为 0.260，各个参数的估算系数符合经济学意义，说明模型整体回归效果较好，回归结果具有可信性，具体结果见表 3-5。

表3-5 模型估计结果

变量名称	B	S.E,	Wals	df	Sig.	Exp(B)
性别	0.096	0.193	0.250	1	0.617	1.101
年龄	0.131	0.069	3.530	1	0.060	1.139
教育情况	0.202	0.092	4.845	1	0.028*	1.224
农业依赖度	-0.197	0.082	5.767	1	0.016*	1.218
家庭年纯收入	0.123	0.085	2.118	1	0.146	1.131
入市风险喜好	0.770	0.132	34.085	1	0.000**	2.161
对土地政策的了解	0.013	0.128	0.011	1	0.917	1.013
入市效果的预期	0,322	0.160	4.069	1	0.044*	1.380
常量	-3.669	0.513	51.156	1	0.000	0.026

注:“*” 在 5% 水平显著，“**” 表示在 1% 水平显著。

由表 3-5 回归结果可知，最后进入回归方程的有村民教育情况、农业依赖度、看待农地入市风险（入市风险喜好）以及对入市效果预期，这四个变量都通过了显著性检验，其中村民看待农地入市风险在 1% 水平上显著，其他三个变量在 5% 水平上显著。

2. 两试点村民对农村集体经营性建设用地入市意愿及影响因素比较

由于时间、精力和经费问题，对河南长垣农村集体经营性建设用地入市意愿和影响因素的数据我们参考翟彬、梁流涛《农村集体经营性建设用地入市的农户认知与意愿——基于河南省324户农户调查的分析》一文，由于该文在调查方法和模型的选择上与我们在调查广东南海的时候类似，因此具有可比性。

根据《农村集体经营性建设用地入市的农户认知与意愿——基于河南省324户农户调查的分析》一文，我们得知河南长垣受访的村民对于土地政策认知方面，只有7.30%的农户比较了解，而有20%的人则完全处于“不知道”状态。对于“入市是否会引发风险”的调查中，75.84%的村民认为风险不确定，18.12%认为存在必然的风险，仅有6.04%认为不存在风险。过半村民认为自己才该是入市后最大的受益者（占56.31%），其次认为村集体是最大受益者（占21.30%）；这与增值收益分配主体的调查结果也是对应的，有83.57%的受访者认为农民应该是增值收益的分配主体。此外，我们还得知长垣53.70%的受访村民对集体经营性建设用地入市的意愿较强。影响河南长垣村民对集体经营性建设用地入市意愿的因素有农业依赖度、风险喜好和入市效果预期三个变量。

通过表3-6，我们得知广东南海村民对土地政策的了解程度高于河南长垣，但总的来说，两试点村民对土地政策的了解程度还需要进一步提升；而对入市风险的认知方面，广东南海村民认为集体经营性建设用地入市“不存在风险”的比例高于河南长垣，这与广东南海在此之前早已出现农村土地隐形流转有关。

表3-6 两试点村民对农村集体经营性建设用地入市意愿及影响因素比较

试点区域	对土地政策的了解程度	对入市风险的认知	对入市收益分配的认知	对土地入市的参与意愿	村民响应农地入市的影响因素
广东南海	“了解”的占23.15%	“不存在风险”的占21.48%	“村民是最大受益者”的占36.24%	“愿意”的占63.42%	对土地入市的风险喜好；农业依赖度；对土地入市预期；自身的教育水平
河南长垣	“了解”的占7.30%	“不存在风险”的占6.04%	“村民是最大受益者”的占56.31%	“愿意”的占53.70%	对土地入市的风险喜好、农业依赖度、对土地入市预期

对入市收益分配的认知方面，两试点村民在农地权属问题上认识比较到位，不管广东南海还是河南长垣的村民都认为村民是最大的受益者，因此在全国铺开经营性建设用地入市过程中一定要重视村民和村集体的主体地位。村民对集体经营性建设用地入市的参与意愿中，广东南海有 63.42% 的受访村民同意参与，河南长垣也有 53.70% 的受访村民同意参与，两试点的受访村民同意入市比例都比较高。深入分析村民响应农地入市的影响因素，得出广东南海村民响应农地入市的影响因素的因素有四个：对土地入市的风险喜好、农业依赖度、对土地入市预期、自身的教育水平。河南长垣村民响应农地入市的影响因素的因素有三个：对土地入市的风险喜好、农业依赖度、对土地入市预期。

（二）两试点政策特征比较

广东南海区自 2015 年 12 月开始陆续出台了《佛山市南海区农村集体经营性建设用地入市管理试行办法》《土地增值收益调节金与税费征收办法》《农村集体资产管理交易办法》《农村集体经营性建设用地抵押融资管理办法》《农村集体建设用地片区综合整治指导意见》等 11 份政策文件，内容涉及调节金与税费征收、完善用地手续、资产交易办法、财务管理办法、入市监管、抵押融资、综合整治、产业载体、整备管理、公开交易规则、产权登记、预留公共设施用地等，以及入市范围、入市主体、入市方式、入市年限、入市价格、入市交易方式、交易服务机构、到期处理规定等，形成了相对完整的政策体系，为改革顺利进行提供了制度保障。

河南长垣自试点以来，出台了《长垣县人民政府关于农村集体经营性建设用地使用权确权登记的实施意见》《长垣县农村集体经营性建设用地使用权入市管理办法》《长垣县农村集体经营性建设用地入市示范文本》《长垣县农村集体经营性建设用地使用权入市公开交易环节工作流程》《长垣县农村集体经营性建设用地入市后开发利用情况监管办法》《长垣县农村集体经营性建设用地使用权抵押登记办法》《长垣县农村集体经营性建设用地入市民主决策办法》《长垣县土地增值收益调节金征收使用管理暂行办法》《长垣县农村集体经营性建设用地入市收益分配指导意见》《长垣县农村集体经营性建设用地调整入市管理暂行办法》等 13 份政策性文件，对入市主体、途径、范围以及入市工作流程等做出了明确规定。

两试点出台的政策都合乎国家的政策要求，并且符合地方实际，各个政策之间相辅相成，都在一定程度上降低了交易风险，同时也降低了制度的不确定性和交易费用，为入市改革提供了制度上的保障。

（三）两试点区域产业结构因素比较

广东南海地处珠三角腹地，毗邻广州，临近港澳。改革开放以来，南海经济社会一直跑在全国前列。2019 年南海生产总值破 3000 亿，达 3176.62 亿。下辖 6 镇全入选 2019 年全国百强镇，实力强劲。南海的产业体系以汽车、家用电器、机械装备、有色金属加工为主；东部、中部和西部三大区域逐渐分别以金融现代服务业、汽车产业和新能源产业、旅游文化和现代物流为重心，形成良性的错位发展局面。

长垣2019年生产总值为469.3亿。长垣20世纪80年代以“劳务经济”为主，90 年代则主要为“回归经济”，新世纪以“特色经济”不断深耕产业，逐渐形成卫材产业、起重产业、防腐产业、厨师产业等产业集聚。当前有起重机整机生产及配套企业 1100 多家，医疗器械生产经营企业 2324 家，注册建筑及防腐蚀施工企业605家，厨师从业者3万多人。由此赢得了“中国起重机械名城”“中国医疗耗材之都”“中国防腐蚀之都”“中国厨师之乡”等佳誉。

从两个试点的发展历程以及产业结构来看，广东南海处于沿海发达地区，工业发展早已排在全国前列，现代服务业的比重不断增加；而河南长垣则处于中部欠发达地区，工业发展正当时，这从其入市面积和入市宗数 80% 以上都是工业用地就可以见一斑。

（四）两试点发展的市场化因素比较

广东南海位于东南沿海地区，商品经济发展充分，市场化程度高，因此在试点过程中农村集体经营性建设用地入市完全采用了挂牌交易的方式；而河南长垣位于中部内陆省，区域市场化程度低于沿海的广东，因此，农村集体经营性建设用地入市方式以协议方式为主，仅有 10 宗采用了挂牌方式。通过比较得知，河南长垣虽然市场化程度稍为逊色，但其自由性较大，这也导致了河南长垣集体经营性建设用地的入市宗数多于广东南海。

（五）两试点入市收益分配模式因素比较

广东南海农村集体经营性建设用地出让调节金的征收是按出让类型的不同

而收取 5% ～ 15% 不等的调节金，具体数据见表 3-7。另外，广东南海对农村集体经营性建设用地出租使用权、地上的建筑物及其附着物等情况，按土地用途收取 2.5% ～ 3.5% 不等调节金。河南长垣委托第三方评估机构评估入市地块情况，对工业用地和商服用地分别按照 5% ～ 15% 和 20% ～ 40% 进行征收，具体数据见下表 3-7，其中工业用地收取 5% ～ 15% 不等，商业用地收取 20% ～ 40% 不等。长垣入市收益分配的主要特色是分配比例由土地交易双方商议确定，剩余收益原则上全部留归村集体所有，并由乡一级实行专账管理。

表3-7 两试点入市调节金征收比例

地区	出让类型		出让调节金比例(%)
广东南海	工矿仓储类	城市更新改造或农村综合整治片区	5
		其他	10
	商服用地类	城市更新改造或农村综合整治片区	10
		其他	15
	公共管理与公共服务用途类	城市更新改造或农村综合整治片区	5
		其他	10
河南长垣	工业用地类		5 ～ 15
	商业用地类		20 ～ 40

注：整理自广东南海试点及河南长垣试点的政策文件。

（六）两试点入市平台、主体、范围、方式及途径因素比较

两试点入市平台、入市主体、入市范围和入市途径比较情况见表 3-8。

入市平台：从表 3-8 得知两试点都建立了相应的入市平台，其中广东南海入市平台分区级和镇街级，具体名称为佛山市公共资源交易中心南海分中心及各镇街公共资源交易中心；河南长垣的入市平台为长垣公共资源交易管理中心，两试点并且都通过平台进行集体经营性建设用地的入市交易。

入市主体：广东南海改革开放较早，集体经济尤为发达，集体股份制改造较早，村一级的经济联社和村小组一级的经济社均可作为入市实施主体。为了更好地避免“遍地开花”式分散入市，促进产业集中发展和土地集约节约利用，南海提出并实施集体经营性建设用地整备入市，因此区镇整备中心在这种情况

下充当入市主体。整备制度的大胆尝试无疑推动了集体经营性建设用地入市实施主体层级上移，有利于集体经营性建设用地的成片连片开发。而河南长垣农村集体经济组织不存在，因此根据集体土地所有权属的不同，入市主体主要为镇人民政府和村委会（黄建水等，2016）。

表3-8 两试点交易平台、入市主体、入市范围、入市途径比较

试点区域	交易平台	入市主体	入市范围	入市方式	入市途径
广东南海	佛山市公共资源交易中心南海分中心；各镇街公共资源交易中心	村（居）集体经济组织、区镇整备中心	土地利用总体规划和城乡规划确定为工矿仓储、商服等经营性用途的存量农村集体建设用地，国有划拨留用地。	以出租为主	直接入市；调整入市；整备入市
河南长垣	长垣公共资源交易管理中心	乡镇人民政府、村委会	工矿仓储、商服旅游等经营性用途的存量农村集体建设用地。	以出让方式为主	直接入市；调整入市；城中村整治入市

入市范围：从入市范围来看，广东南海在符合土地利用总体规划和城乡规划的前提下，把工矿仓储、商服等经营性用途的存量用地都视为可入市，拓宽了可入市的存量土地范围。河南长垣均将工矿仓储、商服、旅游等用途的存量用地都作为入市范围。

入市方式：改革开放以来，南海充分利用广东作为前沿阵地的各项特殊政策和灵活措施，早在 20 世纪 90 年代，南海农村集体就开始将集体土地配置到非农领域。从课题组的调研数据表 3-9 看，确定为试点开展以前，南海农村集体经营性建设用地入市方式以出租方式为主，占比高达 91.61%，以出让方式和其他方式入市的占比合计不到 10%。2015 年展开入市试点以来，经过了整整五年的摸索，南海初步构建了一套均衡合理的入市政策体系。按照新的入市制度进行挂牌成交的土地宗数、面积、成交额等情况如下表 3-10。如表 3-10 所示，由于政策的宣传落地需要时间，地方政府相关方面配套工作的完善也需要时间，

因此第一宗按新的入市制度执行的地块直到2015年12月28日才正式挂牌成交。2016年有41宗入市交易，交易面积1641.07亩，成交额为35.4211亿。2017年入市交易39宗，交易面积641亩，总成交金额为30.2亿元。2018年入市交易30宗，面积为489亩，总成交金额为20亿元。总之，南海试点前后，农村集体经营性建设用地入市方式都是以租赁为主。河南长垣的农村集体经营性建设用地隐形流转也在20世纪90代便开始流转，蒲北办事处、满村乡等多地开始涌现土地流转，且多以租赁形式进行流转（刘晓丽，2016）；而成为全国入市试点以来，依据表3-10的数据，截至2018年年底，长垣入市192宗，面积为3657.00亩，并且以出让为多，改变过去隐形流转时候以出租为主的状态。

表3-9 南海试点以前农村集体经营性建设用地入市方式

入市方式	宗数	占比
以出租方式	12559	91.61%
出让方式	1177	8.58%
其他方式	5	0.03%

表3-10 南海试点以来集体经营性建设用地入市情况

入市年份	宗数	面积	成交额
2015年	1	28.93亩	0.5786亿元
2016年	41	1641.07亩	35.4211亿元
2017年	39	641亩	30.2亿元
2018年	30	489亩	20亿元

注：数据来源于佛山市公共资源交易中心南海分中心的调研。

入市途径：从入市途径上看，两个试点都出现了直接入市和调整入市的途径。广东南海的一个重要创新就是整备入市；河南长垣的入市途径特色是城中村整治入市，并且主要以城中村整治入市方式为主。

四、结论及政策建议

（一）结　论

村民入市意愿。广东南海超六成的受访村民支持入市。河南长垣支持入市的受访村民比例超过一半。试点以来，由于政策环境演变以及农村土地市场化进程都比河南长垣快，南海村民对入市的认知接受程度均明显较高，因此多采用市场化较高的“招拍挂”方式进行入市交易；河南长垣则大多以协议方式出让和租赁。总的来说，两试点的村民入市意愿都比较高，但仍然还有很大的提升空间。而两试点影响村民入市意愿的共同因素有：对土地入市的风险喜好、农业依赖度和对土地入市预期。

收益分配方面。广东南海农村集体经营性建设用地出让调节金的收取按不同用途收取 5% ～ 15% 不等比例；而对农村集体经营性建设用地出租使用权、地上的建筑物及其附着物等情况调节金的收取按土地用途不同而收取 2.5% ～ 3.5% 不等比例。河南省长垣通过土地交易双方商议确定入市收益分配，并对留存集体部分实行专账管理。

入市主体方面。广东南海的入市主体是农村集体经济组织；河南长垣将乡镇人民政府和村委会作为实际的入市主体。入市方式方面：广东南海以出租方式为主，河南长垣则呈现以出让为主的特征。入市途径方面：两个试点都出现了直接入市和调整入市的途径；广东南海的一个重要创新是整备入市，河南长垣的入市途径特色是城中村整治入市。

经比较分析得知两试点村民入市意愿、入市交易平台、入市范围的差异不明显。而两试点的产业结构、市场化程度、入市收益分配、入市主体、入市方式、入市途径方面则有较大的区别。

（二）政策建议

自 2020 年 1 月 1 日起，农村集体经营性建设用地入市在全国正式实施。文章选取地处沿海的广东南海和内陆的河南长垣作为例子，较有代表性。从两试点入市宗数和入市面积，也即是入市效果看，广东南海与河南长垣不分伯仲。通过对上述两试点入市各方面因素的比较分析，从中提炼出促进农村集体经营性建设用地更顺利入市的政策建议：

1. 提高村民对农地入市意愿

两试点的村民对土地的入市意愿总体较高，但都仍然有比较大的提升空间；未来，可以从降低村民对农业依赖度以及提升村民对土地入市预期来提高村民对土地入市的意愿。

2. 重视入市主体地位

入市主体对入市效果会产生较大的影响，不同入市主体，村民在整个入市过程中的决定权和主动权有所差异。南海的入市主体主要为集体经济组织，村民的主动权、参与度都会增加。而长垣试点的主体是乡镇人民政府或村委会，村民的主动权、参与度有所降低，从某种程度上说，如果长垣更加重视村民的入市主体地位，其入市效果可以更好。

3. 入市方式因地因时制宜

农村建设用地的公开竞价是发挥市场作用的表现，但在市场不发达的情况下，实行公开招标会增加交易的搜索成本，影响市场效率。因此，当农村建设用地市场发育还不完善的时候，允许协议方式的存在，并随着市场的成熟，逐步实施公开竞价，并逐步取消协议。河南长垣土地市场正处于低水平状态，因此主要以协议交易为主，而广东南海土地市场化程度相对较高，因此主要采用招拍挂的市场交易方式。两试点在选择入市方式时能做到因地因时制宜，因此入市效果都不错。

4. 入市土地范围可以进一步扩大

广东南海限定存量农村集体建设用地才能入市，其他经过完善手续后的集体建设用地仍然不允许入市，导致南海在本次改革试点的影响面与可供入市的土地规模受到较大限制，未来尚需要更大的“突破”。反观河南长垣的入市土地范围就宽一些，土地入市范围不仅包括存量建设用地，还包括经调整后的增量用地。

5. 入市土地到期后的处置问题有待进一步创新

广东南海对土地使用权到期后的处置是无偿收回土地及其上盖物，而这与国有建设用地对土地使用权到期后的规定相差较远，就没办法实现集体土地和国有土地“同价同权”，这在一定程度上削弱了集体土地对投资者的吸引力。河南长垣对这方面的规定涉及也较少。所以，无论沿海的农村还是内陆的农村土地入市都需要对入市土地到期后的处置问题作出创新性突破，效果才会更好。

6. 土地增值收益调节金的征收需要进一步深入民心

土地增值收益在国家、集体和个人之间的分配机制需要进一步完善。沿海的广东南海土地入市效果并没有比内陆的河南长垣好，很重要的原因是土地增值收益调节金的征收还没得到村民的理解和支持。南海集体土地流转免费已形成相对固定的制度安排，免费的观念一时难以打破，导致集体土地所有者和使用者只享受土地增值收益，而不承担相应的公共责任。虽然南海曾多次以不同形式对集体建设用地流转增值收益收取一定费用，但村集体在享受“同权”的同时对“同责”的认识还不到位，实施难度很大。本次改革，南海从制度层面对入市环节的调节金及税费征收问题予以规范，但在实施中要扭转农村集体从流转免费到入市收费的观念还需要一个适应过程。而河南长垣土地入市的历史遗留问题相对较少，入市更为容易。未来，南海要进一步创新制定合理的利益分配机制，才能更深入推动改革。

第四章 广东南海村民对农村集体经营性建设用地入市意愿及其影响因素分析

本章以广东南海 7 个镇街的村民为调查对象，通过随机调查的方式有效获得 596 位村民的调查问卷。运用描述性统计和 Logistic 回归模型等方法，分析了村民对农村集体经营性建设用地入市的认知及意愿，同时找出村民响应农村集体经营性建设用地入市的关键因素。结果表明：广东南海村民对农村集体经营性建设用地入市的意愿较强，其中 63.42% 的受访村民同意农村集体经营性建设用地入市，但仍有 36.58% 的受访村民意愿较弱；影响村民对农村集体经营性建设用地入市意愿的关键因素有五个：村民教育水平、农业依赖度、家庭年纯收入、对入市效果预期及如何看待农地入市风险。文章最后提出促进村民响应农村集体经营性建设用地入市的建议。

改革开放以来，广东南海快速发展，土地资源的制约作用越发明显，能否优化土地资源配置直接关系到广东南海的社会经济发展的可持续性。广东南海区政府早在 2009 年就率先实施“三旧”改造工程，不断从实践中摸索农村集体经营性建设用地流转可行性办法；但直到 2015 年 2 月中央选定 33 个农村土地制度改革试点区域，广东南海成功入选为全国 33 个农村土地制度改革试点区域之一，主要就集体经营性建设用地入市方面展开探索，至此南海农村集体经营性建设用地入市才真正合法化。

2015 年以来中国农村土地改革试点逐渐铺开和深入，学术界对农村集体经营性建设用地入市改革的研究范围也逐步扩大，从农村集体建设用地入市流转的模式、动因、存在的问题，到入市路径选择、入市意愿、影响因素、入市的配套政策、法制建设、收益分配等方面的成果很丰富，比如对集体土地入市流转模式与特征方面的研究有黄忠、吴彩容等；就农村集体建设用地入市的原因进行了详细剖析的有李静、龙凤等；研究集体经营性建设用地入市存在的问题的有罗玉辉、马艳平、宋宜农等；对入市配套政策进行了有益探索的有伍振军；从入市的法制建设方面进行研究的有温世扬、曹笑辉、陆剑等；从入市的收益分配开展研究的有申文金、张伟等；对入市意愿及影响因素等方面进行研究的有翟彬。与此同时也有许多学者对全国各个试点展开了深入调研，其中对广东南海农村集体经营性建设用地入市研究的有张婷、高欣等，但通过梳理文献发现学者对广东南海农村集体经营性建设用地入市中，从村民的微观主体角度来探讨村民对入市认识、意愿及影响因素的研究尚不多见。因此，文章从村民微观主体角度出发，通过调查问卷和构建 Logistic 模型的方法来研究了解村民对集体经营性建设用地的入市的认知和意愿，并探究村民响应集体经营性建设用地入市的影响因素，以此为广东南海及中国农村集体经营性建设用地入市的进一步铺开提供参考。

一、区域概况

广东省佛山市南海区地处珠江三角洲中部，佛山市东北部，紧挨广州，下辖 6 镇 1 街道，286 个村（社区），截至 2019 年年末，户籍人口 160.06 万人，常住人口 303.17 万人，面积 1073.82 平方千米，综合实力名列全国前茅。2019 年南海区实现地区生产总值 3176.62 亿元，堪比西部一个省，是典型的发达地区。随着工业化、城镇化、信息化和农业现代化的加快发展，南海区集体经济迅速膨胀，集体经济组织可支配收入超 56 亿元，股份分红超 27 亿元，农村居民人均纯收入为 16673 元，76 万社员股东人均分红 3516 元。总收入超亿元的村有 197 个，占比超七成。

本章选择广东南海作为研究地域原因有三：一是南海是广东唯一入选的试点区域，另外，南海早在 20 世纪 90 年代开始凭借乡镇企业的迅速发展，就出现大量集体经营性建设用地在地方政府睁一只眼闭一只眼之间悄然入市。二是南海地处东部沿海地区，是广东甚至是全国的改革先锋，农村集体经营性建设用地问题十分突出，是珠江三角洲等相对发达地区的农村土地制度改革的缩影。三是南海的经济发展位列广东省县域经济前列，是典型的工业化城市和较发达地区，南海集体经营性建设用地入市合法化试点颇具意义。基于以上三点广东南海的农村集体经营性建设用地实践具有很强的代表性。

二、数据来源及样本描述性统计

（一）数据来源

本章调研具体的调查地点及样本遍布广东南海的所有镇街，按照村庄的发展状况及地理位置南海可以划分为三个区域：东部、中部和西部区域，各区域抽取调查的村见表 4-1。调研时间集中 2019 年 7 至 9 月；共发放问卷 650 份，实收问卷 600 份，集中有效问卷 596 份，有效率 92%。其中东部区域包括桂城街道、大沥镇和里水镇，共收效回收 311 份问卷；中部区域主要是狮山镇，收效回收 104 份问卷；西部区域包括西樵镇、丹灶镇和九江镇，共回收 181 分问卷。为了保证调研数据的可靠性，整个过程都是调研组成员入户调研所得。调查内容分为两大部分：一是有关“村民的基本信息”项，如年龄、受教育情况、收入来源等；二是有关对集体经营性建设用地入市的态度、认知、意愿等。

表4-1 广东南海调查村庄及样本分布情况

广东南海三个区域	镇（街）	村庄	各镇街样本数量（个）	区域样本数量（个）
东部区域	桂城街道	夏西村、叠北村、北约村、南约村	133	311
	大沥镇	大亨村、小布村、西边村、凤西村、黄岐村、上亨村	90	
	里水镇	五一村、得胜村	88	
中部区域	狮山镇	莲塘村、小塘村、洞边村	104	104
西部区域	九江镇	河清村、烟南村、镇南村、青叟村、尚中村、沙头北村、向明村、上东村、沙咀村	32	181
	丹灶镇	东升村、仙岗村、丹灶村、沙滘村、大涡村、联沙村、南沙村、新安村、石联村、劳边村、良登村、西城村、东联村、下安村、银河村、塱心村、建设村、西联村	66	
	西樵镇	海舟村、新田村、百东村、华夏村、简村、石龙村、平沙村、七星村	83	

（二）样本描述性统计

1. 广东南海受访村民基本信息数据描述

本次问卷调查受访村民的年龄和性别信息统计如下表 4-2 所示。从表 4-2 可得，受访村民男性女性比重相同。受访村民年龄在 30 岁以下（不含 30 岁）占比 47.48%；30(含 30 岁)～40 岁（不含 40 岁）占比 13.42%；40(含 40 岁)～50 岁（不含 50 岁）占比 13.59%；50(含 50 岁)～60 岁（不含 60 岁）占比 8.89%；60 岁及以上占比 16.61%。受访村民的文化程度：大专及以上占比 40.44%；高中或中专的占比 18.46%；初中的占比 19.3%；小学的占比 21.81%。由此可见，受访的广东南海村民接近六成都是高中或以上，说明广东南海村民的接受教育程度相对较高。

表4-2　中国南海受访村民的基本信息情况

项目	类别	频数	百分比
性别	男	298	50.0%
	年龄	298	50.0%
年龄	30 岁以下（不含 30 岁）	283	47.48%
	30 ～ 40 岁（不含 40 岁）	80	13.42%
	40 ～ 50 岁（不含 50 岁）	81	13.59%
	50 ～ 60 岁（不含 60 岁）	53	8.89%
	60 岁及以上	99	16.61%
文化程度	小学	130	21.8%
	初中	115	19.3%
	高中或中专	110	18.46%
	大专及以上	241	40.44%
家庭年收入	2 万元以下（不含 2 万）	174	29.19%
	2 万（不含 2 万）～ 4 万（不含 4 万）	101	16.95%
	4 万（不含 4 万）～ 6 万（不含 6 万）	114	19.13%
	6 万及以上（不含 6 万）	207	34.73%

受访村民的家庭年收入情况详见表 4-2，收入在 6.1 万及以上的频数为 207，占比 34.73%，比例最多；2 万元及以下的频数为 174，占比 29.19%；2 万（不含 2 万）～ 4 万（不含 4 万）的频数为 101，占比 16.95%；4 万（不含 4 万）～ 6 万（不含 6 万）的频数为 114，占比 19.13%。从调查结果看，53.86% 的受访村民家庭的年收入都超过 4 万，这是符合广东南海农村的经济发展状况的。

2. 村民对农村集体经营性建设用地入市的认可程度

我们设置了“您对土地政策的了解程度？”题项来了解村民对国家现行的土地政策、制度及法律的熟悉程度，并设置了“不了解、比较了解、了解”三个选项供选择，受访村民依次选择的人数为：318 人、140 人、138 人，占比依次为 53.36%、23.49%、23.15%，完全处于“不了解”的村民超过一半，这说明广东南海政府对农村土地政策的普及程度还相当不够，村民在土地制度改革中处于被动懵懂状态。

另外，我们设置“您对农村集体经营性建设用地入市效果的预期如何？”题项来了解村民对农村集体经营性建设用地入市效果的认可程度，选择“没效果、有待观察、有效果”的村民依次有 130 人、301 人、165 人，占比分别为 21.81%、50.5%、27.68%。从调查结果可知，过半的受访村民认为农村集体经营性建设用地入市效果有待观察，说明村民对农村集体经营性建设用地入市效果的预期不确定。

3. 村民对农村集体经营性建设用地入市风险的认知

我们设置了题目“集体经营性建设用地入市是否会引发风险”来了解南海村民对集体经营性建设用地入市风险的认知，选择“不存在风险、难以预测、存在必然的风险”的分别为 128 人、240 人、228 人，占比依次是 21.48%、40.27%、38.26%。认为“难以预测”和“存在必然的风险”的占比合计为 78.53%，这表明了村民普遍认为集体经营性建设用地入市存在风险。

4. 村民对农村集体经营性建设用地入市收益分配的认知

我们设置了“您认为谁应该是农村集体经营性建设用地入市后最大的受益者？”和“您认为土地增值收益分配的主体应该包括哪些？”两道题，来了解村民对土地入市后增值收益受益主体的认知，两道题都分别都设置了“村民、村集体、地方政府、其他”四个选项，其中第一道题各项选择人数依次为 216 人、160 人、124 人、96 人，占比依次为 36.24%、26.85%、20.81%、16.11%；第二道题各项的选择人数依次为 299 人、119 人、63 人、115 人，占比依次为 50.17%、19.97%、10.57%、19.3%。从调查可以看出，受访村民都认为村民和村集体为最主要的受益者和主体，这说明，村民对农村集体经营性建设用地权属问题认知比较到位，因此广东南海在推进农村集体经营性建设用地入市过程中一定要重视村民和村集体的主体地位。

5. 对农村集体经营性建设用地入市的参与意愿

为了掌握村民对农村集体经营性建设用地入市的意愿，我们设置“是否愿意本村农村集体经营性建设用地入市”一题来检测。结果显示，有 218 人选择“否”，占比 36.58%；378 人选择“是”，占比 63.42%。总体上看，村民对农村集体经营性建设用地入市的意愿较强，支持率超过六成。

三、农户响应农村集体经营性建设用地入市的影响因素分析

（一）指标选取

1. 因变量的选取

在问卷调查中，本书选取村民意愿作为因变量，通过设置题目“您是否愿意本村的集体经营性建设用地入市”来衡量村民对农村集体经营性建设用地入市的意愿，“愿意”赋值为 1，“不愿意”赋值为 0。

2. 自变量的选取与假设

影响村民对农村集体经营性建设用地入市意愿的因素很多，文章拟从村民自身特征、家庭特征、对农村集体经营性建设用地入市政策了解度及对入市效果的预期4个维度加以衡量。其中村民自身特征维度包含四个题项：学历、年龄、教育情况和风险喜好；家庭特征维度包含三个题项：农业依赖度、家庭年均纯收入和家庭所在村的地理位置；对入市政策了解度通过题目“您对入市土地政策的了解程度？”来了解；入市效果预期通过设置题目“您对农村集体经营性建设用地入市效果的预期？”来了解。通过大量阅读现有的研究成果以及参考农村集体经营性建设用地入市流转的相关理论，并结合本课题组的实地调查情况，拟提出 9 个影响村民对农村集体经营性建设用地入市意愿因素的假设如下。

首先是村民“性别”对农村集体经营性建设用地入市意愿的影响方向，按照已有的研究成果，性别对农村集体经营性建设用地入市意愿的难以确定，因此假设其方向为不确定。

然后是“年龄”对农村集体经营性建设用地入市意愿的影响方向，通常来说，年轻村民接受新事物新思想的可能性要比年长的村民要大，因此我们假设年龄越大的村民接受农村集体经营性建设用地入市的意愿越弱，故方向为负。

第三个是“教育程度”对农村集体经营性建设用地入市意愿的影响方向。一般来说村民文化程度越高，越易接受新事物、新方式、新制度、新思想。因此我们假设村民接受的教育越多，学历越高，则接受农村集体经营性建设用地入市的意愿就越强，故方向为正。

第四个是“风险偏好”对农村集体经营性建设用地入市意愿的影响方向。通常风险偏好可以分为风险偏好、风险中性和风险规避型三种类型。一般情况下，风险偏好强村民，越愿意尝试新事物从而做出相应的行为，因此我们假设风险偏好越强的村民越愿意尝试农村集体经营性建设用地入市，故方向为正。

第五个是“农业依赖度”对农村集体经营性建设用地入市意愿的影响方向。“农业依存度”和“农业依赖度”有一定的相似性，前者指的是一个国家或地区经济社会发展对农业发展状况的依存或依赖程度，而后者则是指一个家庭中农业收入占家庭收入的比重。如果一个家庭对农业的依赖度越高，对农村建设用地的依赖就越强，即农户对农业依赖度越高，其尝试农村集体经营性建设用地入市的意愿越弱，故方向为负。

第六个是“家庭年均纯收入”对农村集体经营性建设用地入市意愿的影响方向。对于“家庭年均纯收入”越低的家庭来说，经济的拮据会促进村民对农村集体经营性建设用地的入市意愿，反之则入市意愿较低，故方向为负。

第七个是“家庭所在村的地理位置”对农村集体经营性建设用地入市意愿的影响方向。广东南海位于珠三角的腹地，经济发展强劲，但区域发展不平衡，南海的东、中、西不同地理位置的镇街经济社会发展水平差异较大。东部紧靠广州，区域经济发展相对较好，农场集体经营性建设用地的土地价值较高，村民越希望掌握土地的自主控制权，而南海的中部和西部的村民，其家庭所在村的地理位置经济发展较差，则其所在村的集体经营性建设用地的土地价值越低，村民越倾向于集体经营性建设用地入市，故方向为正。

第八个是“村民对土地入市政策的了解程度”对农村集体经营性建设用地入市意愿的影响方向。一般地，村民对入市政策的了解程度越高，越容易认识到农村集体经营性建设用地入市优缺点，就越有可能增加其对入市的响应度。那么，则有村民对入市政策的了解程度越深，对农村集体经营性建设用地入市的意愿越强，方向为正。

第九个是“村民对土地入市效果的预期”对农村集体经营性建设用地入市意愿的影响方向。村民对入市效果的预期满意程度越高，认识到入市可能带来的农民增收与农村发展效果越明显，其接受的意愿就越强烈。那么，则有村民对入市效果的预期满意度越高，其对农村集体经营性建设用地入市意愿就越强，故方向为正。

具体的变量类型、变量名称、变量赋值及假设影响的方向见表 4-3 所示：

表4-3 变量名称、赋值定义及假设影响方向

变量类型	变量名称	变量赋值定义	预计影响方向	假设序号
因变量	入市意愿	不愿意 =0；愿意 =1	—	—
自变量	性别	男 =1；女 =2	不确定	1
	年龄	小于 30 岁 =1；≥ 30 且 <40 岁 =2；≥ 40 且 <50 岁 =3；≥ 50 且 <60 岁 =4；≥ 60 岁 =5	负向	2
	教育	小学 =1；初中 =2；高中或中专 =3；大专及以上 =4	正向	3
	入市风险偏好	不愿尝试 =1；观望 =2；愿意尝试 =3	正向	4
	农业依赖度	农业 =1；以农业为主的兼业 =2；以非农业为主的兼业 =3；非农业 =4	负向	5
	家庭年均纯收入	小于万元及以下 =1；≥ 2 且 <4 万 =2；≥ 4 且 <6 万 =3；≥ 6 万 =4	负向	6
	农户对土地政策的了解程度	不了解 =1；比较了解 =2；了解 =3	正向	7
	农户对农村集体经营性建设用地入市效果的预期	没效 =1；有待观察 =2；有效 =3	正向	8
	家庭所在村的地理位置	东部区域（桂城、里水、大沥）=1；中部区域（狮山）=2；西部区域（西樵、丹灶、九江）=3	正向	9

（二）模型的建立

村民对农村集体经营性建设用地的入市意愿可以划分为“愿意”或者“不愿意”，属于一个二向性问题，而 Logistic 回归模型是用于解决二向性问题的恰当工具。按照二元选择理论基础得知，Logistic 回归模型本质上是一个逻辑概率分布函数，因此，我们把村民的“意愿”设置为因变量，并赋值为“1”和“0”，代表村民“愿意”和“不愿意”，通过构建二项逻辑回归模型来分析村民对集体经营性建设用地入市意愿的影响因素。Logistic 回归的公式如下：

$$p(y=1)=\beta_1 x_1 \varepsilon+\ldots+\beta_m x_m+b+\varepsilon_i$$

$$\log it(p)=1\text{n}(\frac{p}{1-p})=\beta_1 x_1 \varepsilon+\ldots+\beta_m x_m+b+\varepsilon_i$$

P 代表村民愿意农村集体经营性建设用地入市，1-P 代表村民不愿意农村集体经营性建设用地入市，$\frac{p}{1-p}$为比值，1n($\frac{p}{1-p}$) 为比值的对数。β 为待估计参数；x_m 为解释变量；ε_i 为误差项。

（三）模型估计与结果分析

采用 SPSS19.0 软件的 Logistic 回归模型，选择 ENTER 方法，得到本文的 Cox&Snell R 方为 0.153,Nagelkerke R 方为 0.210，参数符合模型的运行要求，并且各个参数的估算系数也符合经济学意义，说明文章构建的模型效果较好，可信度较高。具体的运行结果见表 4-4。

表4-4 模型估计结果

变量名称	B	S.E,	Wals	df	Sig.	Exp (B)
性别	0.083	0.191	0.190	1	0.663	1.087
年龄	0.102	0.068	2.233	1	0.135	1.107
教育水平	0.221	0.091	5.930	1	0.015*	1.247
农业依赖度	-0.226	0.083	7.501	1	0.006**	1.254
家庭年纯收入	0.168	0.082	4.187	1	0.041*	1.183
对政策的了解程度	-0.010	0.125	0.006	1	0.938	0.990
效果的预期	0.417	0.154	7.300	1	0.007**	1.517
风险偏好	0.412	0.136	9.190	1	0.002**	1.510
家庭地理位置	-0.206	0.129	2.560	1	0.110	0.814
常量	-2.845	0.478	35.447	1	0.000	0.058

注：“*”在 5% 水平显著，“**”表示在 1% 水平显著。

由表 4-4 回归结果可知，教育水平、农业依赖度、家庭年纯收入、农户对农村集体经营性建设用地入市效果的预期、入市风险偏好等五个变量都通过了显著性检验，其中，教育水平和家庭年纯收入的 P 值小于 0.05，说明在 5% 水平上显著，对应的系数为 0.221 和 0.168。而农业依赖度、对农村集体经营性建设用地入市效果的预期、入市风险偏好 P 值均小于 0.01，说明在 1% 水平上显著，对应系数为 0.226、0.417 和 0.412。由此，表 4-3 中的假设 3、假设 4、假设 5、假设 6 和假设 8 都成立，假设 1、假设 2、假设 7 和假设 9 都得不到显著性验证，也就是变量性别、年龄、政策的了解程度、家庭地理位置等四个变量都不显著。

四、研究结论和政策建议

综上分析，虽然广东南海村民对土地的入市意愿总体较高，但仍然有比较大的提升空间。本章从村民微观角度通过问卷调查和模型的构建，研究得出影响广东南海村民对农村集体经营性建设用地入市意愿的关键因素有五个，分别是村民教育水平、农业依赖度、家庭年纯收入和对入市效果的预期以及如何看待农地入市风险。为此，我们提出以下几点对策建议，希望能对广东南海农村集体经营性建设用地入市的顺利推进提供参考，也为中国其他试点城市农村集体经营性建设用地入市的铺开提供经验。

1. 提升村民的受教育水平

通过进一步提升广东南海村民的教育水平，从而促使村民更容易接受新事物、新方式、新制度、新思想以及更加准确地看待农村集体经营性建设用地入市的趋势，从而更愿意农村土地入市。

2. 降低村民对农业的依赖度，提升村民家庭年纯收入

广东南海是典型的工业化城市，村民对农业的依赖度相对较低，村民家庭年纯收入相对较高，但仍然有提高的空间。总的来说，降低村民对农业的依赖度，可以通过进一步加快城乡融合进程来实现，更为根本的是能在更大程度上实现村民的非农化就业。在非农化就业过程中也提升了村民家庭年纯收入，从而提升广东南海村民对土地的入市意愿。

3. 切实做好入市的示范效应，提升村民对入市的效果预期

通过加大宣传力度，对入市工作做得较好的村庄加以报道，重视农村集体经营性建设用地入市的示范效应，提升村民对入市的效果预期。

4. 加强入市知识普及教育，引导村民正确认识农地入市的制度本质，降低农地入市风险

通过加大普及教育投入力度，强调农村集体经营性建设用地入市后土地所有权依然是村集体的、产权依然掌握在村民的手里，消除村民对入市后土地产权会改变的顾虑，突出农村土地的长远好处，并制定出相应的机制来确保农村集体在土地入市后收益的稳步增加和土地价值的长远发展，降低村民对农地入市风险的看法。

第五章 广东南海两种农村集体经营性建设用地入市模式的比较

本章基于广东南海集体经营性建设用地入市实践中呈现两种入市方式的事实，文章在分析地方政府选择两种不同模式的原因及目的的基础上，运用社会分析四层次框架、制度可持续发展框架和威廉姆森的交易费用经济学范式来深入分析两种模式的交易属性和行动主体的特征，并从资源利用、收益分配、入市效率、外部影响等四方面来比较两种模式的绩效。最后提出广东南海农村集体经营性建设用地入市方式的改进思路及提升对策，并为珠三角及全国其他类似地区的农村集体经营性建设用地的入市实践提供参考。

农村集体经营性建设用地的提法为我国所特有。王佑辉①认为发达国家不存在农村集体经营性建设用地的问题，也不存在其能否入市的疑问，因其早已构建了成熟完善的土地产权等相关制度，土地私有化和市场化程度都较高。国外学者研究土地产权、土地交易以及土地市场等成果相对较多，比如关于土地产权研究的成果有鲁登、塔索、亚当普洛斯、潘海红等，他们都认为土地产权的完整性和稳定性正向影响土地资源的配置效率；关于土地交易和市场研究的成果如麦克米伦、克劳斯、戴宁格尔、克劳迪奥、法利斯戳克等。虽然国外的研究成果不是专门针对农村集体土地的，但可以给我国相关研究提供参考。

在 2013 年以前，学者对农村集体土地的研究集中于土地流转方面，对入市问题的研究则分歧较大。2015 年为研究焦点变化的分水岭，随着农村土地制度变革进入试点阶段后，农村集体用地入市的研究成果井喷式出现。研究的重

---

①王佑辉. 集体建设用地流转制度体系研究[D]. 武汉：华中农业大学硕士学位论文，2009.

点涉及入市动因、影响因素、入市效应等。入市的动因方面，周其仁认为“双线并行”必然要求土地入市[①]；毕宝德的研究显示集体土地入市能改善土地资源的配置效率，同时有利于发挥土地价值和保护土地所有者的权益，这些效用都能诱致其入市；梁燕认为诱致性制度变迁促使了农村集体经营性建设用地入市。入市的影响因素方面，伍振军、陈美球等提出我国集体土地产权模糊、土地利益分配不合理对集体经营性建设用地入市产生消极影响；于潇、张四梅则认为市场机制不完善是农村集体经营性建设用地入市的障碍；江华从微观角度探究了影响农村集体经营性建设用地入市的诸多要素。入市效应方面，崔娟认为集体建设用地入市改革可以成为社会政治改革的新动力；冯青琛的研究指出集体经营性建设用地入市的积极效应主要有三个，一个是保障农民自身权益，第二是提高土地资源配置效率，第三是推进城镇化建设进程。当然也有不少学者提到农村集体经营性建设用地入市也存在着矛盾与风险，比如刘守英[②]、彭建辉、崔娟等持有这种观点。

综上所述，对农村集体经营性建设用地入市模式的研究还比较缺乏，有待补充。改革开放以来，广东南海快速发展，土地资源的制约作用越发明显，于是当地政府在 2009 年就率先实施“三旧”改造工程，从实践中摸索集体经营性建设用地流转可行办法；但直到 2015 年 2 月中央选定 33 个农村土地制度改革试点区域，南海集体经营性建设用地入市才真正合法化。入市实践中南海大胆创新，出现了两种入市模式：一是以村集体为主导的入市模式，另一个是以土地整备中心为主导的入市模式；这是比较特殊的情况，然而，任何政策设计都不是偶然，理解南海两种入市模式出现的原因及目的，分析两种不同模式的交易属性、主体特征及其改革绩效，以期为试点地区入市实践提供理论解释及实践参考。

①周其仁. 土地入市的路线图[J]. 国土资源导刊, 2014(9): 16.

②刘守英. 土地改革: 法律与政策需适应现实[J]. 经济导刊, 2014(2): 84-85.

一、研究区域概况及两种不同模式的产生

（一）研究区域及入市概况

南海是广东佛山的一个行政区，全区的总面积 107382 平方千米，地处珠江三角洲腹地，无论是划为佛山市辖行政区之前还是之后，其综合实力强劲，近四年排名连续稳居百强县区亚军宝座，2017 年取得的 GDP 高达 2680 亿元。由于其毗邻广州、香港、澳门等地，受这些城市的辐射带动，其建设用地需求量很大。早在 20 世纪的八九十年代，南海农村集体建设用地流转已悄然开始了，从过去的隐形流转到现在的合法入市，南海不断尝试土地制度试验：1992 年创设农村土地股份制；2010 年设立镇街、村两级农村资产交易平台；2015 年随着国务院选取广东南海等 33 个试点县（市、区）行政区域做改革的突破点，意味着南海集体建设用地的入市得到了国家上位法的支持，区级农村资产交易平台顺势成立。

2015 年入市试点以来，经过了整整四年的摸索，南海初步构建了一套均衡合理的入市政策体系。按照新的入市制度进行挂牌成交的土地宗数、面积、成交额等情况如下表 5-1。

表5-1 南海集体经营性建设用地入市情况

入市年份	宗数	面积	成交额
2015 年	1	28.93 亩	0.5786 亿元
2016 年	41	1641.07 亩	35.4211 亿元
2017 年	39	641 亩	30.2 亿元

备注：数据来源于佛山市公共资源交易中心南海分中心的调研。

如表 5-1 所示，由于政策的宣传落地需要时间，地方政府相关方面配套工作的完善也需要时间，因此第一宗按新的入市制度执行的地块直到 2015 年 12 月 28 日才正式挂牌成交。地块的具体信息：面积为 28.93 亩，成交额为 5786 万元，出让年限为 30 年，用途为科教用地，位置为南海区大沥镇太平村北海股份合作经济社“大坦”地段。2016 年全年入市交易为 41 宗，交易面积 1641.07 亩，总成交金额为 35.4211 亿元。2017 年入市交易 39 宗，交易面积

641 亩，总成交金额为 30.2 亿元。2018 年入市交易 30 宗，面积为 489 亩，总成交金额为 20 亿元。

（二）两种不同入市模式产生的缘由

1. 以村集体为主导的入市模式产生的缘由

改革开放以来，南海充分利用广东作为前沿阵地的各项特殊政策和灵活措施，把工作重心迅速放到现代化建设上来。早在 20 世纪 90 年代，南海农村集体就开始将集体土地配置到非农领域，其主要诱因是当时南海高速工业化和城市化的发展极大地刺激了对土地农转非的需求，土地转用的价值凸显。最初，南海村集体通过将整理开发后的集体土地出租给工业发展使用者，从而促使工业发展与农村集体形成收益共同体，而这其实是农村集体土地自发流转的雏形；当时的南海政府为了破解经济发展的土地瓶颈，对这种缺乏上位法支持的行为持有“睁一只眼，闭一只眼”的态度，随后农村集体建设用地开发强度越来越大，农村集体资产管理权逐步掌握到村集体手上。

当前南海区的集体经营性建设用地约 30 万亩（约占全区建设用地总面积 38%），并均处于已流转状态（流转方式以出租为主），而且是免费流转没有向地方政府缴纳任何费用，各地块的产权分散在 2031 个村民小组经济社里。经过多年实践，南海农村基层组织水平普遍较高，具备一定的现代集体经济发展所需要的基本素质，加之流转的历史原因，以村集体为主导的入市模式也就成为首选了。

2. 以土地整备中心为主体的入市模式产生的缘由

根据第二次土地调查结果，南海区农村集体经营性建设用地呈现量大、块小、零星、产权分散等特点。此外，利用低效且配套设施不足特点明显，难以满足南海经济的转型升级和经济发展的用地需求，因此，南海大胆创新、开全国之先河推出了农村集体经营性建设用地整备制度，以此解决南海农村集体土地破碎化的问题。

但任何制度都不是完美的，土地整备制度也有其局限性。随其成立，地方政府将收回村小组一级对集体土地的管理权限，也就是要打破原来农村集体经营性建设用地自主、免费流转市场的均衡状态。现在的入市就是要打破原来的均衡状态，也就是重新平衡好各利益主体利益重配，难度很大，南海在实践操作过程中也深感不容易；但从理论分析来看，合则强，土地整备中心能较好解决南海集体经营性建设用地破碎零散问题，方向性正确。

二、农村集体经营性建设用地入市模式理论框架

（一）现有的理论借鉴

1. 社会分析四层次框架和制度可持续发展框架

社会分析四层次框架：威廉姆森将社会依次划分为资源配置、治理结构、制度环境和社会基础等四个层次。第一层的社会基础，主要指风俗传统、惯例规范、宗教、道德等非正式制度。第二层的制度环境，主要指宪法、法律、产权等正式的、具有强制性约束力的正式制度。第三层的治理结构，就是在第一第二层的游戏规则下，人们进行博弈的过程。第四层次的资源配置，是指在前面三层都视为既定的情况下，通过边际分析计算最优配置，不断调整价格和信息以实现边际效率。

制度可持续发展框架：制度可持续发展框架包含行动舞台以及交易、行动者、制度和治理结构四类外生变量，特别关注涉及资源交易时人的行为规范，认为不同的制度或治理结构的交易属性和交易参与者的特征会有所不同。

运用社会分析四层次框架和制度可持续发展框架理论，文章认为由于南海的社会经济发展水平、乡俗民约、外在环境等方面不断向前发展，因此在农村集体经营性建设用地入市模式方面也在不断摸索和尝试，当前南海尝试的两种入市模式在交易属性和行动主体的特征方面也存在显著差异。

2. 威廉姆森交易费用理论

威廉姆森交易费用理论认为交易行为人或组织是有限理性和存在自我约束的，因此双方交易中必定产生交易费用甚至机会主义行为，所以选择恰当的符合交易主体特征的治理结构，能有效降低交易费并减少机会主义行为发生的概率；该理论正是从交易契约视角来实现交易费用最小化。

本章正是运用威廉姆森交易费用理论来比较分析南海两种入市模式相应的交易费用，并从资源利用、收益分配、入市效率、外部影响等四方面来比较两种模式的绩效。

（二）本书关于农村集体经营性建设用地入市模式的理论分析框架

1. 交易属性

本书把集体经营性建设用地入市划分为四种“交易”。威廉姆森（1985）的研究成果指出资产专用性、交易不确定性和交易频率是交易过程中的三个基本属性；而郝觉顿则指出涉及自然资源的交易过程还有交易的复杂性、交易结构模块化和可分解性、交易的不可逆性、交易的相互关联性等属性。集体经营性建设用地入市作为自然资源交易的一种，考虑其涉及的主要交易特征，文章挑取资产专用性、交易不确定性和交易复杂性来刻画入市交易过程。

2. 行动主体的特征

集体经营性建设用地入市涉及政府、村集体组织、村民、土地使用者等多方利益主体，其中参与入市后土地增值收益分配的主要是地方政府、村集体和村民。选择不同的入市模式其交易行动主体有所不同，从而其特征也会不同，文章主要从交易主体的数量（规模）、利益趋同性、民主决策及社会资本四个方面来加以刻画。

3. 绩效评价

在既定的交易属性和交易主体特征下，地方政府选择不同的入市模式则其最终的绩效也会不同。文章对南海两种入市模式下的改革成效的考察主要从资源利用、收益分配、入市效率、外部影响四个方面加以对比。其中资源利用主要是指入市后集体土地与国有土地“同地同权同价”的实现程度、土地集约节约利用情况等；收益分配主要指集体经营性建设用地入市后土地增值收益的分享情况、农民持续增收情况等；入市效率主要指两种不同入市模式的交易费用，主要指各项成本情况；外部影响主要指经济发展、生态改善、社会稳定等综合目标的实现情况。

三、两种集体经营性建设用地入市模式的调查分析

根据上文的理论分析框架，本部分主要梳理四个交易阶段的情况及入市改革实施绩效，为第四部分的比较分析奠定基础。

（一）以村集体为主导的入市模式

1. 以村集体为主导的入市模式的基本情况

通过对南海区公共资源交易中心相关人员的访谈获悉，至 2018 年 12 月底止，共有 111 宗地块入市，面积为 2800 亩，成交总金额为 86.2 亿元；其中有 51 宗地块实施抵押融资，占总宗数的 45.9%，抵押土地面积为 998 亩，占总入市面积的 35.6%，抵押金额达 33 亿元。南海入市的相关数据比较漂亮，位居全国试点前列，并获验收部委肯定。此外，调研中获知南海农村集体经营性建设用地入市以租赁方式为主，主要为土地租赁和物业出租两种，其中土地租赁约占 90% 左右，而租赁的租期以 20（含 20 年）至 30 年（不含 30 年）最多，30 年及以上次之，10 年以下租期的最少，具体数据见图 5-1。图 5-1 显示南海农村集体经营性建设用地入市的租期超过 20 年的比重为 67.45%，说明租期有一定的稳定性。

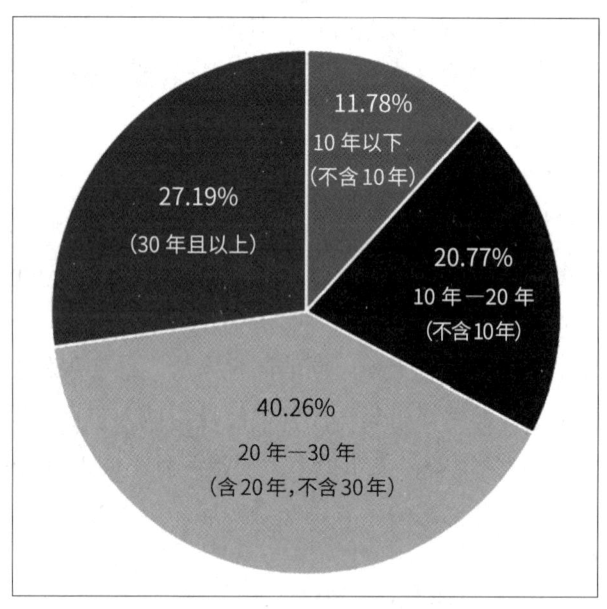

图 5-1　南海区农村集体经营性建设用地租赁租期情况

2. 入市环节主要内容

（1）前期准备阶段

从20世纪90年代初开始，为满足企业用地需要，南海的集体经济组织以创办各类乡镇企业为由，默许农村集体建设用地进入市场。经过了近三十多年的实践，南海不断探索集体建设用地进入市场的有效模式和制度，为这次的正式合法入市做了很多前期准备工作，主要有：第一，展开农村集体土地确权工作。第二，开展规划控制工作。第三，制定规范入市的政策、流程及入市相关的管理政策体系。第四，构建基准地价或地租体系。第五，建立起全区统一的、实时共享的用地信息管理系统。

（2）整理开发阶段

由于以村集体为主导的入市模式是南海各个村集体各自组织开展的入市过程，一般不对土地进行整理开发，多数按就地入市的原则进行交易。

（3）组织入市阶段

组织入市阶段主要过程如下：第一，村集体经济组织向上级相关职能部门提出申请，并得到相关宗地的相关意见；第二，集体经济组织拟订宗地出让方案；第三，集体经济组织把方案交村党组织审查；第四，集体经济组织对出让方案实施民主表决。第五，集体经济组织持相关材料向镇（街道）相关部门申请交易请求；第六，立项审批及交易。

（4）收益管理阶段

南海农村集体经济组织因土地入市而获得的地款及其分配使用按规定归口至财务监管平台监管，并由镇（街道）城乡相关机构实施监管收缴和使用，镇（街道）纪检监察机构行使相关法律处理责任。此外，根据《佛山市南海区农村集体经营性建设用地土地增值收益调节金与税费征收使用管理试行办法》文件精神，入市方式不同，则缴纳的相关费用也不同，假如是以出让、转让形式入市的，要求缴纳调节金及相关税费；假如是以租赁、作价出资（入股）、出租等形式入市的，则暂不要求缴纳调节金，但要求缴纳相关税费；其中调节金实行差别化征收，具体征收额度参见上述的办法。

3. 入市改革实施效果

南海集体经营性建设用地革新试点，让集体建设用地入市从违法变成合法，让农民分享到城镇化进程的土地增值收益，也实现了政府、村集体经济组织、村民、用地商多方共赢，同时也缩小了城乡居民收入差距，壮大了农村集体经济规模，并拓展了城市发展空间，为产业的转型升级腾出用地，促进农村土地进一步集约利用。

从南海入市实践看，接近90%的地块都是租赁形式。从对村集体和村民的调研可知，他们更倾向于掌握土地的所有权，更愿意出租土地而不是出让；而国有建设用地市场交易则以土地出让为主，如此两者在某种程度上恰好形成错位竞争局面，形成互补。

（二）以区镇整备中心为主导的入市模式

1. 以区镇整备中心为主导的入市模式的基本情况

南海当前有2304个村集体经济组织，总共有15332个集体经营性建设用地单元，利用单元在空间上连片程度较高；其中100亩以上的连片地块占比超75%，500亩以上连片地块约占30%，而这些连片地块中将近90%涉及两个或两个以上村集体经济组织[①]；正因为这些地块单元的权利主体涉及两个或两个以上村集体经济组织，所以需要政府机构或中介机构施加协调进行统一开发、整体建设、统一招商，于是全国第一个集体土地整备中心在南海应运而生，随后桂城街道、九江镇各镇街相继成立土地整备中心。

2. 入市环节主要内容

（1）前期准备阶段

以整备中心为主导的入市模式，需要南海区政府对集体建设用地尤其是连片的涉及两个或两个以上权利主体的地块进行摸底调查，明确连片集体经营性建设用地地块的规模、布局、位置、权属、面积、用途、现状等以便确权登记并奠定发证基础。在参照国有土地储备制度和设定集体所有权不变的前提下，由土地整备中心通过收购、托管等方式对存在利用低效、零星分散、产业落后、连片并涉及多个权利主体的地块纳入整备范围，而后进行整合、清理及前期开发；最后确定宗地基本信息，比如交付土地的期限和方式、托管对象、托管期限、相关权利和义务及违约责任等事项。

（2）整理开发阶段

---

①陈海素，谢建春，陈凯．构建农村集体土地整备制度的思考——以广东省佛山市南海区为例[J]．中国土地，2017(2)：44-45.

整理开发阶段主要是由集体土地整备中心负责，主要过程为：编制年度整备计划，随后报同级人民政府批准，然后对地块实施整理开发。

（3）组织入市阶段

农村集体经营性建设用地经整备中心整理后可以进入交易平台入市，也可由整备中心加以运营。入市交易原则上都得进入交易中心，即要求通过拍卖、挂牌、现场竞价和招标等方式公开出让、租赁、转让、出租给土地使用者。

（4）收益管理阶段

收益管理阶段主要包括两个方面的利益协调：一个是土地使用者与土地整备中心之间，另一个是土地整备中心与各村经济合作社之间，前者按照交易合同由土地使用者缴纳土地增值收益调节金和相关税费，后者按照《托管协议》实行收益分配。

由于南海在全区范围内创新性地对农村集体经营性建设用地实时动态管理，以实现实时共享交易数据，其具体做法是区、镇（街道）公共资源交易中心负责交易将信息录入信息管理系统以及统计汇总工作，村集体经济组织相应地建立用地资产台账、交易台账及合同台账。

3. 入市改革实施效果

南海集体建设用地流转起步较早，在本次试点入市实践前就已经有超过 23 万亩集体经营性建设用地暗地里流转，此期间的流转由于缺乏地方政府统筹规划，各个村集体经济组织各自为政，土地效率普遍较低。由此，南海推出土地整备中心为主导的入市模式，寄希望于破解南海农村土地利用的僵局，并由此带动农村土地集约节约利用和促进村级产业转型升级。

虽然，南海集体土地整备中心在 2016 年就已经成立了，但按照整备中心为主导入市的成功案例还不够多，九江镇仅有一例涉及两个村集体经济社的，在 2018 年 2 月才完成土地前期整备，因此整体改革进程相对较慢，效果还有待观察。

四、两种集体经营性建设用地入市模式的比较分析

本部分将进一步对两种入市模式进行比较研究，具体分析两种模式的交易属性和行动主体特征，并从资源利用、收益分配、入市效率和外部影响四个方

面比较两种不同入市模式的入市绩效。

（一）两种入市模式的交易属性比较分析

以村集体为主导的入市模式和以区镇整备中心为主导的入市模式各阶段对应的交易属性的特征如表 5-2 所示，其中“++”为强度较大，“+”为强度较弱。

表5-2 两种入市模式交易属性比较

交易属性		以村集体为主导	以区镇整备中心为主导
前期准备阶段	人力资本专用性	+	++
	交易行为不确定性	+	++
	交易的复杂性	+	++
整理开发阶段	物质资产专用性	+	++
	交易环境不确定性	++	+
组织入市阶段	物质资产专用性	+	++
	交易环境不确定性	++	+
收益管理阶段	交易环境不确定性	+	+

1. 两种入市模式的前期准备阶段对比分析

以村集体为主导的入市模式与以区镇整备中心为主导的入市模式相比，前者无论是人力资本专用程度、交易行为不确定程度还是交易复杂程度都较低。南海早在 20 世纪 80 年代中期就初步建立了农村集体经济组织系统，村集体牢牢掌握着农地的控制权，到了 90 年代初，农村集体土地开始流转，并因此带动了南海的城市化和工业化，同时带动了就业和税收的增加，南海政府对这一行为表示默许，既不反对也不支持，就这样村集体经济组织一直充当土地流转的主体，在这次的入市改革中，也顺理成章地成了入市主体，并表现出较低的资本专用性、交易行为不确定性和交易复杂性。

以区镇整备中心为主导的入市模式在此阶段则存在更高的人力资本专用性、交易行为不确定性和交易复杂性。以区镇整备中心为代表的南海政府企图从各个村集体经济社手中重新收回农村集体土地的开放管理权，这得与两千多个村集体经济组织谈判，并与既定收益格局达成共识，其人力资本专用性要求必然较高，而交易复杂性也随之增强。

2. 两种入市模式的整理开发阶段对比分析

此阶段中，以村集体为主导的入市模式存在更高交易环境不确定性和稍低的物质资产专用性，这主要是因为以村集体为主导的入市模式在其入市过程中涉及的土地整理、基础设施建设等环节的资金筹措来源弹性较大，缺乏规范性，因此不确定性更高。而以区镇整备中心为主导的入市模式其物质资产专用性则更高，主要是因为南海村集体对于入市的态度更加保守，不太愿意把地块交由政府平台统一开发；因此，土地整备中心把土地“改作他用”的机会成本更高，存在更高的物质资产专用性。

3. 两种入市模式的组织入市阶段分析

与区镇整备中心为主导的入市模式比，以村集体为主导的入市模式交易环境不确定性更高。而以区镇整备中心为主导的入市模式在交易过程中具有更高的物质资产专用性，通过对土地的整备，单次交易规模通常比以村集体为主导的入市模式的交易规模更大，物质资产专用性更强。

4. 两种入市模式的收益管理阶段分析

本次的入市试点改革实质是把缺乏上位法支持的流转合法化，无论是以村集体为主导的入市还是以区镇整备中心为主导的入市，都面临交易环境的不确定性，都面临着政府、村集体和村民间的利益分配比例确定问题。收益分配比例很难保证涉及的收益人都满意，因此两种入市模式的收益管理阶段都存在一定的不确定性。

（二）两种入市模式的行动主体特征比较

行动主体的特征主要从主体数量、利益趋同性、民主决策参与度和社会资本四方面来加以比较，具体见表5-3。

表5-3 两种入市模式交易主体特征比较

交易主体特征	以村集体为主体	以区镇整备中心为主体
主体数量	+	−
利益趋同性	+	−
民主决策	+	−
社会资本	+	−

1. 两种入市模式的主体数量分析

以村集体为主导的入市模式的主体的数量明显多于以区镇整备中心为主导的入市模式。南海区有经济社 2304 个，而区镇整备中心数量有限（七个镇街级整备中心，一个区级整备中心），因此以村集体为主导的入市模式的主体就是各个独立的经济社，数量多；以区镇整备中心为主导的入市模式的主体数量则较少。

2. 两种入市模式的利益趋同性分析

以村集体为主导的入市模式中村民利益诉求的趋同性更强，通过调研得知大多数南海区村集体和村民更愿意以出租的形式入市，并且在入市试点之前，南海的村集体一直在对农村集体土地进行暗地里的流转，全部收益都留在村集体内部。而以区镇整备中心为主导的入市模式主要通过整备中心进行资源整合，通过统一开发、统一招商发挥规模集聚效应，并带动产业升级；对于村集体和村民来说，他们认为原有的集体土地出租流转模式带来的收益较高，产权也能牢牢掌握在村集体手里，因此缺乏把集体土地收归区镇整备中心的动力。

3. 民主决策参与度

以村集体为主导的入市模式中村集体和村民对土地事项各方面的决策参与度更高。村集体能选择入市方式、入市期限，制定入市价格等，政府只起引导和监督作用，因此村集体的民主决策参与度较高。而以区镇整备中心为主导的入市模式，涉及的土地规划、整理和入市等事物都由整备中心负责，整个过程村集体的民主决策参与度都较低。

4. 社会资本

在以村集体为主导的入市模式中，经济社在集体土地入市前的土地整理、基础设施建设等融资筹资、入市后收益分配规则的制定以及对收益的再投资管理等都对村集体的组织能力提出了更高的要求，相应的社会资本介入程度也较高。以区镇整备中心为主导的入市模式则主要依靠政府的力量来完成不同经济社的集体土地的整备工作，涉及的社会资本参与相对较弱。

（三）两种入市模式的绩效比较

两种入市模式的绩效主要从四个维度加以比较，具体为：资源利用、收益分配、入市效率和外部影响，比较结果详见表 5-4。

表5-4 两种入市模式绩效对比

入市模式 评价方面	以村集体为主导	以区镇整备中心为主导
资源利用	土地集约利用和规模效应	土地集约利用和规模效应明显
	以出租为主，与国有建设用地形成互补局面	显化土地资产价值
收益分配	入市收益的 5%～15%作为增值收益调节金（区、镇政府各分 50%），不存在集体土地整备中心	入市收益的 5%～15%作为增值收益调节金（区、镇政府各分 50%），集体土地整备中心取得协议约定收益比例
	进驻的企业相对低端	高端企业入驻带来税收收入增加
	租期届满后获得优质物业返还	租期届满后获得优质物业返还
	项目滚动开发农民持续增收	短期农民增收有限，长期收益稳定可观
入市效率	节约谈判和协商成本	节约监督成本和执行成本
	村集体为代表并负责入市事务，保证入市顺利	可能存在信息不对称、沟通不到位等问题，影响入市进展
	较高	前期较高，后期较低
外部影响	区域绿化度和环境美观度提升	融入粤港澳大湾区发展战略
	改善城乡接合部地区“大城市病”	产业层次和竞争力进一步提升
	为小微创业企业提供用地空间	带动就业

1．资源利用

从表 5-4 可知，以村集体为主导的入市模式，在一定程度上能促进土地集约利用和产生规模效应，实践中，村集体经济社以土地出租为主；而以整备中心为主导的入市模式，则能明显提高土地集约利用效率，并实现统一开发统一招商，改变原有的各个村集体经济社各自分散竞争招商的局面，能提高土地的集约利用程度，同时也能较好地发挥集体土地的规模效应，进一步显化土地资产价值，并为南海引进高端项目带动区域发展和产业转型升级带来可能。

2. 收益分配

从表 5-4 可知，以村集体为主导的入市模式，短期内项目滚动开发，农民持续增收，但前期开发成本负担相对较大，由于受土地规模限制，吸引进驻的企业相对低端，不利于长远的发展；以整备中心为主导的入市模式，往往租金低于市场水平，短期内农民增收效果有限，但村集体可以有效节约前期开发成本，并可长期取得预期的租金收入，整备中心的通过统筹入市、统一招商能够给村集体带来更多的长远收益，同时通过企业的发展增加政府税收收入。

3. 入市效率

从表 5-4 可知，以村集体为主导的入市方式，不仅节约了谈判和协商成本，还使入市进程更顺利，效率更高，但对土地利用规划和产业规划相对欠缺，常常面临资金筹措受阻和项目烂尾问题；以整备中心为主导的入市模式则用全局的视角开展土地利用规划和产业规划，能节约监督成本和执行成本的同时，还能较好地规避经营风险、资金短缺和项目烂尾问题；但是，该模式也可能存在信息不对称、沟通不到位等问题，会引起村民对政府和整备中心的不信任，从而影响项目入市推进。

4. 外部影响

从表 5-4 可知，以村集体为主导的入市模式，能在一定程度上提升区域绿化度和环境美观度，改善城乡接合部地区“大城市病”，提供的用地空间较适合中小微型或创业型企业；以整备中心为主导的入市模式，通过对集体土地整备后统筹入市，能够进一步提升土地价值，也能顺应粤港澳大湾区发展的用地需求，为更多中高端企业入驻及产业层次升级、竞争力提升提供土地准备，进一步带动就业和实现区域综合实力提升。

五、主要结论及建议

（一）主要结论

在相同的制度环境背景下，比较分析了南海区内两种入市模式的交易属性、行动主体特征以及模式绩效的差异。经分析得出以下主要结论：

1. 两种入市模式都可以细分为四个“交易”，但两种入市模式具体的交易属性不一样。村集体为主导模式的物质资本专用性、交易环境不确定性带来的交易费用更低。整备中心为主导模式的人力资本专用性、交易行为不确定性和交易复杂性带来的交易费用都更高。

2. 两种入市模式的行动主体特征差异较大。村集体为主导模式的行动主体特征表现为入市主体数量多、利益一致性强、民主决策及参与程度均较高、社会资本参与需求大。整备中心为主导的行动主体特征则主体数量少、利益趋同性较弱、村民较少参与决策，主要以政府力量完成资本筹措。

3. 南海的两种入市模式不是截然对立的，也不是只有政府或只有市场参与，而是呈现明显的混合特点，两种入市模式都离不开政府规划的引导和市场的参与，不同的是起主导作用的究竟是农民集体还是政府平台。

4. 入市模式不是固定不变的，而是随着外在经济环境的变化而发生变化，但处于不同的阶段，会出现更为适合的入市模式。南海农村集体经济组织较早实施土地流转，并且管理实权一直掌握在手中，早年希望将土地经营管理权从经济社上收至经联社的改革都难以推行，而此次试点当中出现的以整备中心为主导的入市模式，实质就是将土地经营管理权收回至镇甚至区政府一级，这个难度可想而知，因此，实践中该入市模式推行进展缓慢。但随着环境的变化，以整备中心为主导的入市模式有其存在发展的可能性。

5. 两种入市模式的绩效不同。不同的入市模式有不同的交易费用和行动主体特征与之相匹配，相应产生的改革绩效也会有所不同。村集体为主导的入市模式以村集体或村集体经济组织为入市主体，能有效解决“机会主义”行为，并对村集体的行为产生约束。而以整备中心为主导的入市模式，前期能够有效减少监督和执行成本，但是可能由于信息传达不完善、沟通机制不畅通等导致村民对政府统筹产生误解，从而影响入市进程。从目前南海的实践看，前者开展得更为顺利。

（二）主要建议

1. 入市模式的改进

集体经营性建设用地入市模式的选择要“因地、因时”而变，尤其要分析不同入市模式的交易属性和行动主体的特征，要避免交易费用的大幅上升、交易收益的不均衡，避免因此而影响入市改革的绩效和进程。

基于对土地整备中心为主导的入市模式的交易属性、行动主体和入市绩效的分析可知，该入市模式的发展需要提高村民的参与程度，并理顺政府、村集体和村民之间的沟通渠道，收益分配机制要适当向村民倾斜。从南海入市实践看，目前以村集体为主导的入市模式进行得更为顺利；但就当前南海的经济发展态势及其长远发展而言，“合则强分则弱”是显而易见的道理，南海可以通过“先行先试”起到示范效应后，以点带面，推动土地整备中心入市模式的进一步发展。

2. 入市绩效的提升

在资源利用方面，以土地整备中心为主导的入市模式可能是南海未来农地入市的主要方向，其对区域内分散、零碎的集体土地进行整合，为统一利用、连片开发奠定了资源基础，因此应当充分发挥集体土地整备中心在招商引资方面的优势，充分带动产业结构升级，提升集体土地的产出效益。

在收益分配方面，进一步完善收益分享机制，实际上，村民不关心采用什么入市模式，但特别关心收益是否有保障。因此，以土地整备中心为主导的入市模式不能比原来的以村集体为主导的入市模式收益少，要确保“保当前、有增长”，村集体和村民才愿意采用新的入市模式。

在入市效率方面，“合适”的入市路径应当与当地的经济发展水平相适应，还应结合村民的意愿来选择恰当的入市主体和方式，此外，还可以借鉴其他试点地区的成功经验或从自身的基层实践进行提炼总结，最终实现效率和效益的提升。

在外部影响方面，需要政府通过城市规划、土地规划、产业政策等进行引导，借助入市改革的契机进一步实现城市空间布局优化、生态环境改善，带动当地产业转型升级和就业工作发展，使城市更具现代气息，让农村更具生态韵味。

第六章　南海农村集体经营性建设用地入市创新模式——整备入市

一、南海农村集体经营性建设用地整备入市博弈分析

农村集体经营性建设用地整备入市能较好解决农村建设用地量大分散、产业用地空间缺乏的难题。但当前农村集体经营性建设用地整备入市的实践成效欠佳，推动难度大。农村集体经营性建设用地整备入市与否是转出方、转入方以及区镇政府三方博弈的结果，而较大规模的整备入市是产业经济转型升级所必需的。事实上，转出方、转入方和区镇政府都是理性的经济人，他们将从有利于自身发展的角度来作出行为选择。通过整备土地入市，能够扩大农村集体建设用地入市规模，提升土地连片开发效率，实现引进优商优资，推动产业升级。为此，要引导村集体村民正确认识整备入市制度，消除丧失土地产权的担忧；切实做好整备入市的示范效应，提升村集体经济组织对整备入市的效果预期；通过建立农村集体经营性建设用地整备入市利益共享机制，实现区镇政府、转出方、转入方的三方共赢；强化区镇政府的土地整备干部管理制度，规范其行政行为，推动土地整备入市。

2015 年 2 月，南海入选为 33 个农村土地制度改革试点区域之一，主要就集体经营性建设用地入市方面展开探索。根据第二次土地调查结果发现广东南海农村集体经营性建设用地量大块小、主权分散特点明显，约 80% 的地块面积都小于 25 亩，大部分农村集体建设用地的产权掌握在全区两千三百多个农村集体经济组织手里。这与南海现代化用地规模不相适应，为此广东南海政府创全国之先河，首次把土地整备制度引入农村集体经营性建设用地领域并加以实践。目前，学界对农村集体经营性建设用地入市的研究集中在入市现状、存在的问题、障碍及对策、入市的收益分配、入市的运行机制、入市价格、入市相

关的法律法规和入市的路径选择，也有一些涉及入市模式等方面的研究，但具体对整备入市的研究尚不多见，无论是对相关案例的实际操作经验层面，还是对该制度理论的研究层面都十分欠缺，也没发现有对农村集体经营性建设用地整备入市相关利益方的博弈分析的成果。而整备入市是一种入市方式，最终整备与否的决策是一个转出方、转入方和区镇政府三方的博弈过程。因此，分析农村集体经营性建设用地入市方式行为选择问题，不单单以转出方为视角来分析，还要把转入方和区镇政府纳入决策考虑当中，本章将在分析三方博弈演进过程基础上考察转出方选择不整备入市、转入方选择整备入市的原因以及区镇政府在农村集体经营性建设用地入市方式上的选择行为，并就如何促成农村集体经营性建设用地整备入市提出参考建议。

（一）广东南海土地整备入市的提出及实施概况

1. 广东南海土地整备入市途径的提出

土地整备一词并不是南海首创，早在 2011 年的深圳政府文件《深圳市人民政府关于推进土地整备工作的若干意见》中已然出现。深圳市的土地整备主要是为了解决城市存量土地的再开发而提出；而南海的土地整备是针对农村存量土地；为了解决农村土地量大块小分散而提出的。全国首个针对农村集体经营性建设用地而成立的土地整备中心产生于南海，具体挂牌时间是 2016 年 10 月 17 日，并于 20 日发布《佛山市南海区农村集体经营性建设用地整备管理试行办法》；该文件所述的农村集体经营性建设用地整备是指按照土地利用总体规划和城乡规划，由区、镇两级集体土地整备中心采用托管形式，对存量农村集体经营性建设用地整合和开发，一并招商和入市的行为。

南海农村土地整备模式的最大特色是集体土地属性不变；村集体经济组织仅仅是把集体建设用地“托管”给镇街政府或区政府的土地整备中心，并由其代为处置或经营管理。而由土地整备中心托管农村集体经营性建设用地的最大好处就是能把细碎的地块整合起来，这种做法能给予投资方更多的信心，同时也大大降低了投资方的对接谈判成本，改变了从过去的与诸多村集体的沟通对接到整备后的与土地整备中心的对接，也能减少纠纷的发生，当然也能以此来实现引进优商优资，推动产业升级的目的。

南海农村土地整备模式的最主要目标是实现村民和地方政府双赢。一方面村民持续获得稳定的租金收入，主要体现在通过集体土地整备，改变过去低端产业载体变为高端的产业园区，租金收入长期来说是稳中有增。另一方面地方政府也能得到一定比例的税收收入并逐步摆脱土地财政。

2. 广东南海土地整备入市实施概况

2016 年 10 月我国第一个农村集体土地的整备中心在佛山市南海区成立，随后其下辖的各镇街先后成立镇街土地整备中心。过去珠三角各城市基本采用“村村点火、户户冒烟”的粗放经济发展方式，但现在该模式已经面临转型升级迫切要求，为了解决产业用地问题，集体土地整备中心建立之初就被寄予厚望，但是在南海的实际操作当中其推展进程并不是十分乐观。2016 年集体土地整备中心建立的第一年没有一例成功整备案例；2017 年仅有九江镇有所突破，涉及 119 亩农村集体土地的整备，其余镇街暂无突破；2018 年丹灶镇获得突破，长江氢能源汽车整车项目的落户所采用的 1000 亩土地就是通过整备而来的。其中九江镇整备的地块位于九江大道河清段道路旁，涉及两个村集体，该地块此前是大小不一的交织连片的鱼塘，九江镇土地整备中心以 1 万元 / 亩的租金价格取得这片土地的开发权；丹灶镇的长江氢能源汽车整车项目所需的 1000 亩大规模连片土地也是通过整备而来的，涉及多个土地权属主体。

集体土地整备之所以先后在九江镇和丹灶镇得以实施，主要是与这两个镇的地理位置和经济发展程度有关，两个镇都不是在南海区的中心位置，经济发展速度相对落后，农村集体土地价值还不是很高，村民对产权的重视程度及不上其他镇街，村与村之间的矛盾相对容易调和。

南海土地整备的推进尽管较为缓慢，但其发展思路符合了新时期南海区的用地需求。仅 2017 年，就有 28 批次来自全国各地人员到南海考察土地整备相关情况。整备制度看上去很美，但实际执行起来难度非常大，经对村民的访谈得知，桂城、大沥、里水等镇街的村民对农村土地的产权非常看重，他们对更加开放的市场和更加顺畅的农村土地流转更感兴趣，但对政府主导的统筹与规划积极性不高，也就是说村民不希望把土地委托给集体土地整备中心。另外在对东中部镇街的调研中发现，由于各个村集体都拥有一定比例的集体用地，不同的村因所处的区位不同、面积连片程度不同而形成的不同经营单位巨大的收益差距，不同村之间的功能划分难以分配，公共服务设施也难以落地；整备连片农村集体土地都得按照一定的规划落实公益性项目、公共服务设施及基础设施用地，但村集体和村民基本都不愿意把自己村的集体用地用来建设公共配套设施。

（二）农村集体经营性建设用地整备入市中三方博弈演进逻辑

当前农村集体经营性建设用地入市试点结束，已进入全国范围内铺开的阶段。广东南海的农村集体建设用地的产权和经营权掌握在全区 2304 个农村集体经济组织手里，是农村集体经营性建设用地入市名副其实的转出方。由于农村土地资源尤其像广东南海这样的高度工业化的城市来说，农村集体土地日趋变少，用地企业对其需求量却不断攀升，农村土地市场呈现出“卖方市场”的特点。因此，农村集体经济组织在农村集体经营性建设用地诸如是否入市、入市面积、入市时长、入市价格、入市方式、入市途径等方面掌握着一定的主动权。图 6-1 所示是农村集体经营性建设用地整备入市博弈线路。

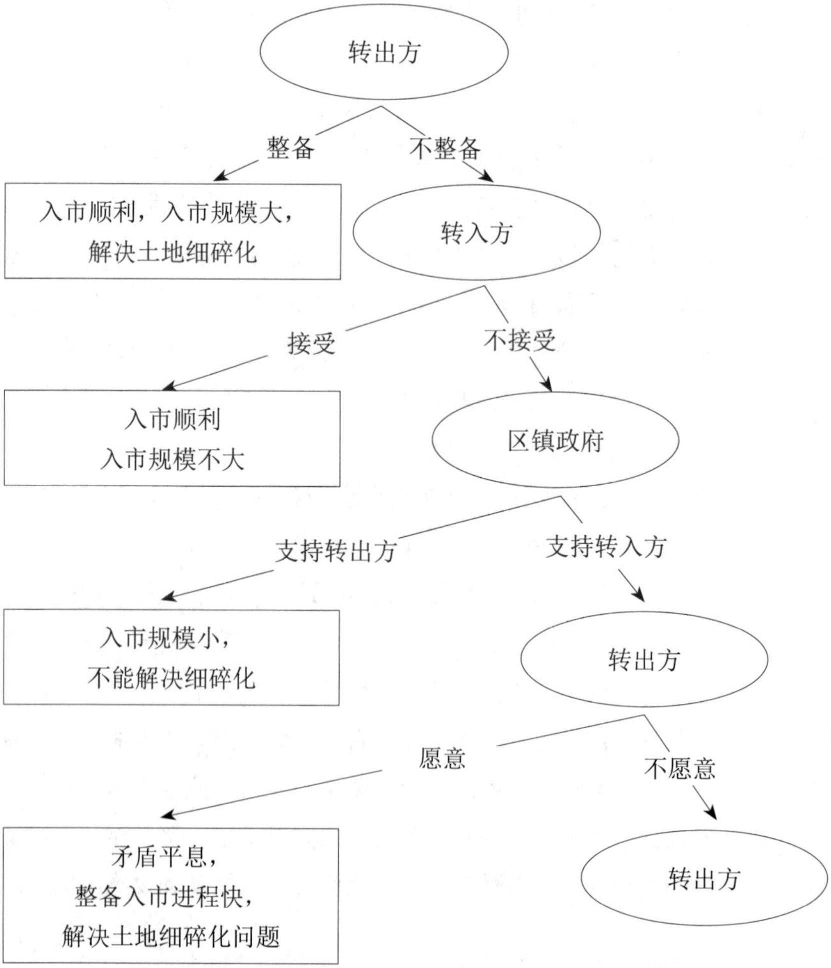

转出方
整备
不整备
入市顺利，入市规模大，
解决土地细碎化
转入方
接受
不接受
入市顺利
入市规模不大
区镇政府
支持转出方
支持转入方
入市规模小，
不能解决细碎化
转出方
愿意
不愿意
矛盾平息，
整备入市进程快，
解决土地细碎化问题
转出方

图6-1 农村集体经营性建设用地整备入市博弈线路

在入市方式方面，由于广东南海创新性提出整备入市，因此农村集体经济组织，也就是转出方有两种可能的行为选择：一是顺应潮流趋势选择整备入市，另一个是选择按原来的方式，不整备入市。那么，农村集体经济组织选择整备入市的原因是什么呢？理论上，应该满足以下两点：一个整备入市有利可图，二是整备入市更让其放心；如果这两点都满足了，那么转出方就会顺应发展趋势选择整备入市，这样就能使得供需双方匹配，并会大大推进整备入市的速度和规模。相反，如果这两点都不能满足转出方，那么转出方就不会选择整备入市，而转入方则希望整备入市，那么转出方和转入方就会产生博弈现象。

对农村集体经济组织（也就是经营性建设用地转出方）选择不整备入市，转入方相应也有两种选择，一是接受一是不接受。转入方接受不整备的原因在于入市市场是“卖方市场”，自身处于被动位置，还有一个就是自身的经营规模并不大，需求的土地面积不是很大。如果转出方选择不整备入市而转入方也接受不整备，那么土地入市还是会比较顺利的，只是入市的土地面积都会相对较小，不能解决土地细碎化问题，产业规模也难以实现。当然，按照村集体所处的地理位置的不同，有些村集体也想整备入市，因此，转入方在入市市场上也并不是完全处于被动地位，看需要的农村集体用地的地理位置在哪里。如果转出方坚持不整备入市，转入方可以有两种策略，一是提高价格换取大面积地块，另一个是与其他转入方形成联盟，压低不整备的地块价格促使转出方委托土地进行整备。如果，转入方通过提高价格来获得大面积的整备地块，那么转入方和转出方之间能达成一致；相反，如果转入方通过压价和联合区镇政府迫使转出方整备入市，那么转出方和转入方之间的博弈将会继续。

区镇政府成立土地整备中心，那么自然是农村集体土地入市的相关利益方，在面对转出方和转入方之间关于集体经营性建设用地整备入市还是不整备入市的博弈中，其大概有三种选择：第一是站在转出方一边，顺从村经济组织把土地自行入市；区镇政府做出此行为选择的前提是，其从村经济组织收取的土地调节金大于与转入方合谋的利益；这一行为选择将不利于解决土地细碎化问题，土地整备入市速度缓慢。第二种情况是与转入方合谋，给转出方施加压力迫使村集体经济组织将村的建设用地委托整备，借此从转入方得到一些利益；区镇政府做出此行为选择的前提是，与转入方合谋所得寻租收益大于让集体经济组织自行入市；这一行为选择将有利于解决土地细碎化问题，土地整备入市速度加快；然而，这一行为有可能出现的后果是，因转出方不愿意整备而导致农村集体经营性建设用地入市缓慢或停滞，从而导致集体用地入市矛盾频发或出现群体性事件的风险。第三种情况是作为中间人推动集体经营性建设用地在村集体之间整备起来，作为中间人的区镇政府，主要工作是提供土地供求信息、合同模板、见证合同签订、存档并解决多个村共同体与转入方之间的纠纷。

（三）农村集体经营性建设用地整备入市中三方行为选择

前文对农村集体经营性建设用地入市途径博弈中转入方、转出方和区镇政府行为选择的可能性及其相应结果进行了一般性的分析。事实上，转入方、转出方和区镇政府都是理性的经济人，他们都将从成本收益角度出发作出符合自身的最优行为选择。

1. 转出方行为分析

本章根据南海各镇街区位的不同，将村集体经济组织分为东部发达经济组织、中部中等水平经济组织、西部欠发达经济组织。

（1）东部发达村集体经济组织决策博弈分析

南海东部（桂城、里水镇、大沥镇的村集体因所处的区位毗邻广州，经济相对发达，村集体经济组织的经营水平是比较高的，一直以来都习惯拥有集体建设用地入市流转的主动权，较为重视对集体建设用地的产权掌握，并且因区位带来的土地价值相对较高，村集体经济组织预期村集体经营性建设用地入市价格也相对较高，因此，东部村集体经济组织对土地托管和整备入市的意愿不强烈。在本课题组调研中也发现，东部镇街没有一个村集体是采用整备途径入市的。此时，对于东部发达村集体的激励就是通过西部成功案例的示范作用，提升整备入市的价格，让村集体看到更为客观的预期收益，才有可能激发村集体经济组织整备入市行为的发生。

（2）中部中等水平经济组织决策博弈分析

对南海中部镇街（狮山镇）而言，其所处区位相对没有东部镇街优越。其经济发展水平在整个区当中属于中等位置，村集体经济组织对集体建设用地入市流转的主动权稍弱，对集体建设用地的产权掌握的重视程度也较东部的弱，并且其所处区位决定其土地价值相对低一些，村集体经济组织预期集体经营性建设用地入市价格也会随之而降低，因此，中部村集体经济组织土地托管和整备入市的意愿处于中等水平。此时，要激发村集体经济组织整备入市行为的发生，也要看成功案例的示范作用及预期收益水平。

（3）西部欠发达经济组织决策博弈分析

对南海西部镇街（九江镇、丹灶镇）而言，其地理区位相对偏远，经济发展相对较差，村集体经济组织的经营水平也相对薄弱，土地市场价值也相应降低，村集体经济组织预期农村集体经营性建设用地入市的市场价格相对略低，村集体经济组织对集体建设用地入市流转的主动权及其对产权掌握的重视程度较弱，因此，西部村集体经济组织土地托管和整备入市的意愿都较为强烈。在本课题组调研中也发现，西部镇街已有两个村集体是采用土地整备入市的成功案例。此时，对具有土地整备入市意愿的村集体经济组织而言，在合理的判定具有转入方土地生产的边际收益基础上，可以在其预期价格范围内进行价格的调整，适当地提升土地入市价格，整备入市即可发生。

2. 转入方行为分析

作为农村集体经营性建设用地的转入方，其需求土地的规模也会因其经营业务范围、经营业务性质、风险偏好等不同而不同，既有偏好于面积规模大的需要整备入市的，也有期望面积规模小的不需要整备入市的。课题组通过实地调查得知，整体上看，当前广东南海绝大部分转入方倾向于选择整备入市土地。其主要原因有两个：

第一，在转入方看来，农村集体经营性建设用地整备入市可以大大降低谈判成本，从“一对多”谈判到“一对一”。如果转入方需求用地的面积比较大，而地块又涉及多个村集体，那么在整备入市中，能大大节省交易成本和降低谈不拢的机会。整备入市的谈判过程是在转入方与区镇政府整备中心之间，而不用转入方和逐个涉及的村集体分别谈判。这样做的好处是，将转入方与多个村

集体经济组织之间的矛盾，转化为区镇政府与多个村集体组织之间的矛盾，大大减少了转入方与村集体经济组织之间的直接冲突，毕竟区镇政府比转入方更为熟悉村集体经济组织，也能减少纠纷的发生，当然也能以此来实现引进优商优资，推动实现产业升级的目的。

第二，在转入方看来，入手的农村建设用地规模越大、越是连片，那么通过再入市获得额外收益的可能性越大。农村集体经营性建设用地再入市也是市场经济条件下农村集体经营性建设用地入市的一种重要形式。转入方将入市的农村建设用地再次入市的原因大致有：自身经营不善，被逼把农村建设用地又一次转让或出租；第二种情形就是转入方发现自己经营的收益还不如把农村集体经营性建设用地转租别人的收益高；还有一种情况是转入方一开始就是纯属投机者，只把农村建设用地当成一种投机工具，志在获得转手入市从中赚取再流转的差价。在这些情况下，农村集体建设用入市规模越大、越连片，可为转入户带来的潜在收益也就越多，而这大多情况下需要通过土地整备才能实现。

3. 区镇政府行为分析

从第二次土地调查结果，可知南海区农村集体经营性建设用地呈量大、块小、零星、产权分散等特点。此外，利用低效、配套设施不足、各自为政特点明显，难以满足南海经济的转型升级和经济发展的用地需求，因此，南海大胆创新、开全国之先河推出了农村集体经营性建设用地整备制度，以此解决土地细碎、分散问题。南海农村土地整备入市的最主要目标是实现村集体经济组织、区镇政府和转入方的多方共赢。首先是土地转出方（村集体经济组织）能持续取得稳定的租金收入，主要体现在通过集体土地整备，改变过去低端产业载体变为高端的产业园区，租金收入长期来说是稳中有增。另一方面地方政府也能得到一定比例的税收收入并逐步摆脱土地财政。还有就是转入方也能降低谈判成本从而获得较大规模的整备土地。

但任何制度都不是完美的，土地整备制度也有其局限性。随其成立，地方政府将收回村小组一级对集体土地的管理权限，也就是要打破原来由村集体经济组织主导的自主、免费流转农村集体建设用地的均衡状态。现在的入市就是要打破原来的均衡状态，也就是重新平衡好各利益主体利益重配，难度很大，南海在实践操作过程中也深感不容易；但从理论分析看来，合则强，土地整备入市能较好解决南海农村集体建设用地破碎零散问题，方向性正确。

在整备入市中，区镇政府要么顺从村集体经济组织，让村集体经济组织保持合法入市试点前的流转方式，但如此一来，南海的土地细碎化问题得不到解决，南海想通过土地整备实现产业的转型升级也就无从实现。另一方面，区镇政府作为基层公务员单位，为了政治仕途和政治激励，区镇政府倾向于支持转入方对土地整备的需求，因此倾向于以基层干部的身份给转出方施加压力，劝导和施压村集体经济组织使其托管土地，让土地通过整备而入市。当然区镇政府还有一种行为选择，就是站在公正立场上组织协调和推进农村集体经营性建设用地入市，这种行为也不能促成土地整备入市。

综上分析，我们得知南海农村集体建设用地入市方式的博弈演进路径：一方面，由于南海农村建设用地灰色入市由来已久，作为转出方的村集体经济组织经营能力强，习惯于把握着农村建设用地的主动权，对土地的预期收益相对较高，担心通过整备入市将会失去土地的控制权，因此不太愿意建设用地整备入市。另一方面，作为转入方的投资商，由于认为整备入市有利于生产经营活动的规模化以及可能带来的投资收益，同时能减少谈判成本，因此很多转入户希望通过整备入市的方式获取农村建设用地的经营权。由此，转出方与转入方之间形成博弈，而区镇政府可以选择支持村集体经济组织的原来入市方式；也可以支持转入方，从而采取一些行政指挥手段促成转出方整备入市；当然，区镇政府也能仅仅充当中间人，只做双方之间的桥梁和纽带，不做实质性的工作。由于政治晋升以及地方转型升级需要，区镇政府倾向于支持转入方的可能性更大；而区镇政府如果与转入方合谋，可能导致转出方与转入方之间的矛盾恶化，甚至妨碍集体经营性建设用地入市的步伐。

（四）农村集体经营性建设用地整备入市博弈对策分析

南海农村土地量大、分散、细碎，而要实现经济转型升级，就必然从土地整备加以解决，没有经整备的大规模的连片的农村建设用地，就没办法实现高质量的产业发展。通过试点，南海独创了经营性建设用地整备制度，但是推进步伐很慢，村集体响应的很少，农村集体建设用地入市仍然是各个村集体经济组织各自为政，整备入市的成功案例很少，入市规模仍然偏小。从上述的博弈分析得知农村集体经营性建设用地供需双方对整备入市的意愿不相匹配，转出方不希望整备，转入方希望整备。上文通过对转出方、转入方和区镇政府三方的可能性行为进行分析，提出几点对策建议，以便推动农村集体建设用地整备入市更顺利。

1. 引导村集体、村民正确认识整备入市制度

从项目的调研得知，村民对整备入市制度“了解”的仅占21.3%，说明关于整备入市制度的宣传工作还有待深入。通过加大宣传力度，引导村集体、村民正确认识整备入市的制度本质，强调农村集体经营性建设用地通过整备入市后土地所有权依然是村集体的、产权依然掌握在村民的手里，消除村集体、村民对整备入市后土地产权会改变的顾虑，突出农村土地整备的长远好处，并制定出相应的机制来确保农村集体在土地整备后收益的稳步增加和土地价值的长远发展。如果村集体、村民都支持整备入市，那么村集体经济组织也就会支持整备入市。

2. 提升村集体经济组织对整备入市的效果预期

切实做好整备入市的示范效应，提升村集体经济组织对整备入市的效果预期。由于各个村所在的地理位置相对固定，较难改变，而不同的村因所处的区位不同、面积连片程度不同而形成的不同经营单位巨大的收益差距；加上不同镇街产业发展水平差异较大；导致村集体托管土地整备的意愿差异很大。在调查村集体和村民托管土地意愿时发现，较发达的南海东部镇街的土地价值较高，村集体和村民在已有的土地流转中收益已然较高，他们不希望托管土地，主要是害怕失去土地的掌控权，也担心托管后的收益会比原来低。针对这种情况，建议政府部门切实做好农村集体经营性建设用地整备入市的示范效应，提升村民对整备入市的效果预期。

3. 建立农村集体经营性建设用地整备入市利益共享机制

通过建立农村集体经营性建设用地整备入市的利益共享机制，有望实现区镇政府、转出方、转入方的三方共赢。从区镇政府方面来说，上移农村建设用地的整备管理权，能有效解决土地分散、细碎问题，为实现经济转

型提供土地空间，也能更好实现城市整体功能。对转出方来说，通过土地整备，能促进农村经济增长模式的转变，改变过去村村互不相关、各自为政的局面，能实现农村社区城市化的高质量转型。对转入方来说，通过土地整备能连片获得农村建设用地，对大规模发展生产及降低谈判成本都大有裨益。土地整备入市的顺利推进，尤为要在村集体与区镇政府之间创新制定合理的利益分配机制，更要从根本上扭转南海农村集体土地流转“免费”的错误做法。

4. 强化区镇政府的干部管理制度、规范其行政行为。首先是通过加强区镇政府干部法制教育，让其严格执行知法守法依法的行政意识；然后通过建立完善的相互监督管理机制，强化区镇政府的干部管理制度，做到规范其行政行为，使其既维护村集体经济组织对农村集体经营性建设用地的合法权益，又能积极支持和推动村集体经济组织通过整备方式入市流转农村集体经营性建设用地。

二、南海村民对农村集体经营性建设用地整备入市的意愿及影响因素

本书以广东南海的1街道6镇的503位村民为调查对象，采用问卷调查法和Logistic回归模型，分析广东南海在农村集体经营性建设用地整备入市实施过程中，村民对整备入市制度的认知和意愿，并探究村民响应农村集体经营性建设用地整备入市的影响因素。研究表明：村民对农村集体经营性建设用地整备入市的意愿较弱，仅有23.3%的受访村民接受整备入市；影响村民响应农村集体经营性建设用地整备入市的显著因素有三个：村民家庭所在村的地理位置、村民对整备入市制度的了解和对土地整备入市效果的预期。

当前南海农村集体经营性建设用地整备入市在实际操作中进程并不是十分乐观。2016年没有一例成功整备案例；2017年仅有九江镇有所突破，涉及119亩农村集体土地的整备；2018年丹灶镇获得突破，长江氢能源汽车整车项目的落户所使用的1000亩土地就是通过整备中心得来的。南海土地整备的推进尽管较为缓慢，但其发展思路符合了新时期南海区的用地需求。整备入

市制度看上去很美，但实际执行起来难度非常大，经对村民的访谈得知，桂城、大沥、里水等镇街的村民对农村土地的产权非常看重，他们对更加开放的市场和更加顺畅的农村土地流转更感兴趣，但对政府主导的统筹与规划积极性不高，也就是说村民不希望把土地委托给集体土地整备中心。另外在东中部镇街的调研中发现，由于各个村集体都拥有一定比例的集体用地，不同的村因所处的区位不同、面积连片程度不同而形成的不同经营单位巨大的收益差距，不同村之间的功能划分难以分配，公共服务设施也难以落地；整备连片农村集体土地都得按照一定的规划落实公益性项目、公共服务设施及基础设施用地，但村集体和村民基本都不愿意把自己村的集体用地用来建设公共配套设施。

南海农村集体经营性建设用地整备实践中没有实例可供参考，通过实地调研我们得知南海农村集体经营性建设用地整备入市面临的困难主要有三个，第一，托管年限到期后土地产权及其上盖物的处置矛盾；第二，土地整备成本过高；第三，南海村民托管土地意愿较弱，片区差异大。经分析发现，上述整备入市面临的三个困难当中，第一个和第二个困难主要是关于外部客观方面因素，而第三困难主要是村民内部主观因素。土地整备入市能否顺利铺开，提升村民的参与意愿十分重要。因此，文章从村民微观角度出发，通过采用问卷调查和构建 Logistic 模型的方法，掌握村民对整备入市制度的认知和意愿，并探究村民响应集体经营性建设用地整备入市的影响因素，为农村集体经营性建设用地整备入市的进一步铺开提供参考。

（一）文献回顾

目前，学界对农村集体经营性建设用地入市的研究集中在入市现状、存在的问题、障碍及对策、入市的收益分配、入市的运行机制、入市价格、入市相关的法律法规和入市的路径选择，也有一些涉及入市模式等方面研究，但具体对整备入市的研究尚不多见。“土地整备”一词并不是南海首创，早在 2011 年的深圳政府颁发的《深圳市人民政府关于推进土地整备工作的若干意见》中已然出现。深圳市的土地整备主要是为了解决城市存量土地的再开发而提出；而南海的土地整备是针对农村存量土地，为了解决农村建设用地量大、块小、分散而提出的。全国首个针对农村集体经营性建设用地而成立的土地整备中心产生于南海，具体挂牌时间是 2016 年 10 月 17 日，配套的管理办法——《佛山市南海区农村集体经营性建设用地整备管理试行办法》也随后发布；该文件所述的农村集体经营性建设用地整备是指按照土地利用总体规划和城乡规划，由区、镇两级集体土地整备中心采用托管形式，对存量农村集体经营性建设用地整合和开发，一并招商和入市的行为①。

南海农村土地整备制度的最大特色是集体土地属性不变；村集体经济组织仅仅是把集体建设用地“托管”给镇街政府或区政府的土地整备中心，并由其代为处置或经营管理。而由土地整备中心托管农村集体经营性建设用地的最大好处就是能把细碎的地块整合起来，这种做法能给予投资方更多的信心，同时也大大降低了投资方的对接谈判成本，改变了从过去的与诸多村集体的沟通对接到整备后的与土地整备中心的对接，也能减少纠纷的发生，当然也能以此来实现引进优商优资，达到推动产业升级的目的。

南海农村土地整备入市的最主要目标是实现村民和地方政府双赢。一方面村民持续获得稳定的租金收入，主要体现在通过集体土地整备，变过去低端的产业载体为高端的产业园区，租金收入长期来说是稳中有增。另一方面地方政府也能得到一定比例的税收收入并逐步摆脱土地财政。

广东南海对农村集体经营性建设用地整备入市制度抱有很大的期望，希望以此解决南海农村土地量大分散、产业用地空间缺乏的难题。当前，整备入市实践初步取得一定成效，但进展缓慢，村民对整备入市比较冷淡。为此，下面从村民微观角度出发，通过描述性统计及整备入市意愿模型的构建，分析村民对整备入市制度的认知和意愿，并探究村民响应集体经营性建设用地整备入市的影响因素。

（二）数据来源与描述性统计分析

1. 数据来源

（1）研究地点的选择

本书选择广东省佛山市南海区作为研究对象，是基于以下三点考虑：一是南海区是广东甚至是全国的改革先锋，土地与经济发展矛盾十分突出，迫切需

---

①于潇，吴克宁，阮松涛. 集体经营性建设用地入市[J]. 中国土地，2014(2)：35-37.

要农村集体经营性建设用地合法入市为其提供充足的土地要素，对南海区的研究可以作为珠三角地区或先进发达地区的农村土地制度改革的典型。二是南海的经济发展位列广东省县域经济前列，在全国百强县连续多年位居全国第二，以民营经济为主体，乡镇企业的迅速发展在一定程度上催成了农村集体经营性建设用地入市的事实。三是南海区是该轮土改中广东省唯一入选的试点，区域代表性很强。

（2）数据收集与处理。

由于南海区的土地面积并不是十分大，于是，本次调研在各个镇街都有选取村庄调研。具体的调查地点及样本分布情况见表 6-1。

表6-1 调查主要地点及样本分布情况

镇（街）	村庄	样本数量
桂城街道	北约村、南约村、夏西村、叠北村	111
九江镇	上东村、沙咀村、河清村、烟南村、镇南村、青叟村、尚中村、沙头北村、向明村	68
里水镇	得胜村、五一村	76
大沥镇	黄岐村、上亨村，大亨村、小布村、西边村、凤西村	71
丹灶镇	南沙村、新安村、石联村、劳边村、良登村、西城村、东联村、下安村、银河村、塱心村、建设村、西联村、东升村、仙岗村、丹灶村、沙滘村、大涡村、联沙村	45
西樵镇	平沙村、七星村、海舟村、新田村、百东村、华夏村、简村、石龙村	30
狮山镇	小塘村、洞边村、莲塘村	102

其中桂城街道调查的村民来自北约村、南约村、夏西村、叠北村等四个村，有效收回问卷 111 份；九江镇受访的村民来自上东村、沙咀村、河清村、烟南村、镇南村、青叟村、尚中村、沙头北村、向明村等，有效收回问卷 68 份；里水镇受访的村民来自得胜村、五一村，有效收回问卷 76 份；大沥镇受访的村民来自黄岐村、上亨村等六个村，有效收回问卷 71 份；丹灶镇受访的村民来自南沙村、新安村、石联村等十八个村，有效收回问卷 45 份；西樵镇受访的村民来自平沙村、七星村等八个村，有效收回问卷 30 份；狮山镇受访的村民来自小塘村、洞边村、莲塘村，有效收回问卷 102 份。整个

调查运用了随机抽样的调研方法；调查时间在2019年6至9月；发放调查问卷650份，实收问卷600份，其中有效问卷596份，有效率91.69%；此外，把村民对整备入市持中立态度的问卷93份剔除，最后文章采用的记录有503份。为了保证调研数据的可靠性，整个过程都是调研组成员入户调研所得，通过与村民面对面地进行访谈和问卷填写。由于村民对“农村集体经营性建设用地”这一术语并不了解，故在调查中使用了“农村土地”作为替代性的解释语词。

调查内容分为两大部分：一是有关“村民的基本信息”项，如年龄、受教育情况、收入来源、所在村的地理位置等；二是有关“对集体经营性建设用地整备入市的认知、意愿及期望”项，如村民对整备入市基本情况、风险、意愿、收益预期等的认知等。

2. 描述性统计分析

（1）受访村民特征

本次问卷调查对象的年龄、性别、文化程度及农业依赖度等信息统计如下表6-2所示。男性占53.5%，女性占46.5%。年龄在30岁以下（不含30）的占比47.48%；30（含30）～40岁（不含40）的占比13.42%；40（含40）～50岁（不含50）的占比13.59%；50（含50）～60岁（不含60）的占比8.89%；60岁及以上的占比16.61%。受访村民的文化程度情况：小学的占比5.2%；初中的占比22.1%；高中或中专的占比37.4%；大专及以上的占比35.4%。由此可见，受访的南海村民超过七成都是高中或以上，说明南海村民的接受教育程度相对较高。从村民家庭的农业依赖度来看，我们设置了四个选项，分别是：农业、以农业为主的兼业、以非农业为主的兼业、非农业，依次占比27.6%、12.1%、15.1%、45.1%；从调查结果看，南海村民接近一半都是以非农业为主，这与南海的经济结构、城镇化水平和经济发展水平吻合。

表6-2 受访者的年龄和性别情况

项目特征	类别	频数	百分比（%）
年龄	30 岁以下（不含 30）	259	51.5
	30（含 30）～ 40 岁（不含 40）	79	15.7
	40（含 40）～ 50 岁（不含 50）	77	15.3
	50（含 50）～ 60 岁（不含 60）	52	10.3
	60 岁及以上	36	7.2
性别	男	298	53.5
	女	298	46.5
文化程度	小学	26	5.2
	初中	111	22.1
	高中或中专	188	37.4
	大专	178	35.4
农业依赖度	农业	139	27.6
	以农业为主的兼业	61	12.1
	以非农业为主的兼业	76	15.1
	非农业	227	45.1

受访村民的家庭年收入情况详见表 6-3，2 万元及以下的频数为 47，占比 9.3%；2 万（不含 2 万）～ 4 万的频数为 101，占比 20.1%；4 万（不含 4 万）～ 6 万（不含 6 万）的频数为 208，占比 41.4%；6 万及以上的频数为 147，占比 29.2%。从受访村民的家庭经济年收入情况分析来看，超过七成的南海村民家庭的年收入都超过 4 万，这也是符合南海的经济状况的。

表6-3 受访村民的家庭年收入情况

选项	频数	占比 %
2 万元以下（不含 2 万）	47	9.3
2 万（含 2 万）～ 4 万（不含 4 万）	101	20.1
4 万（含 4 万）～ 6 万（不含 6 万）	208	41.4
6 万及以上	147	29.2

（2）村民对南海集体经营性建设用地整备入市制度的了解和预期

为了解村民对整备入市的熟悉程度，我们设置了“您对整备入市土地政策的了解程度？”题项来检测，并设置了“不了解、比较了解、了解”三个选项供选择，依次选择的人数为：239 人、157 人、107 人，占比依次为 47.5%、31.2%、21.3%，完全处于“不了解”的村民接近一半，这说明南海对农村土地整备入市政策的普及程度还相当不够，村民在土地制度改革中处于被动懵懂状态。

当问及“对农村集体经营性建设用地整备入市效果的预期”时，我们设置了“更差、有待观察、更好”三个选项供选择，分别依次有 103 人、283 人、117 人选择，占比分别为 20.5%、56.3%、23.3%。从调查结果可知，56.3% 的受访村民对农村集体经营性建设用地整备入市效果的预期不确定，另外还有 20.5% 的受访村民认为整备入市效果会比原来差，这一结果表明村民对南海农村集体经营性建设用地整备入市的预期不理想。

（3）村民对南海集体经营性建设用地整备入市风险的认知

为了了解南海村民对集体经营性建设用地整备入市风险的认知，我们设置了题目“集体经营性建设用地整备入市是否有风险”，并提供了“不存在风险、难以预测、存在必然的风险”三个选项，依次被选择的有 95 人、195 人、213 人，占比依次是 18.9%、38.8%、42.3%。38.8% 的村民认为南海集体经营性建设用地整备入市政策实施的风险难以预测，42.3% 的村民认为集体经营性建设用地整备入市存在避免不了的风险，这表明了村民普遍认为集体经营性建设用地整备入市有风险。

在此基础上，我们进一步设置题目“您认为集体经营性建设用地整备入市存在哪些风险？”，并提供“不利于村集体把握土地的控制权、整备入市收益降低、影响社会稳定、其他风险”四个选项，结果见表 6-4。调查结果表明，36.2% 的村民认为土地整备入市的最大风险是不利于村集体把握土地的控制权，34.2% 的村民认为整备入市的最大风险是会导致土地入市收益降低，这表明在当前南海农村土地整备入市改革中，村民对集体土地的控制权和预期收益方面的关注度非常高。

表6-4 集体经营性建设用地整备入市存在哪些风险

选项	频数	占比（%）
不利于村集体把握土地的控制权	182	36.2
整备入市收益降低	172	34.2
影响社会稳定	50	9.9
其他风险	99	19.7

（4）村民对集体经营性建设用地整备入市的参与意愿

设置“是否愿意本村的集体经营性建设用地整备入市”，用于了解村民对集体经营性建设用地整备入市的意愿。结果显示，386 人选择“否”，占比 76.7%；117 人选择“是”，占比 23.3%。总体上看，南海村民对集体经营性建设用地整备入市的参与意愿较低，不参与率超过七成，这结果与南海农村集体经营性建设用地整备入市的成功案例很少相互吻合。76.7% 的受访村民对整备入市持反对态度，这一比例相当高，影响村民参与意愿的影响因素值得深入探讨，下面我们采用构建模型的方法来找出影响村民对整备入市意愿的因素。

（三）村民响应农村集体经营性建设用地整备入市的意愿模型构建与分析

1. 指标选取与模型建立

（1）因变量的确定

本部分的因变量是村民参与农村集体经营性建设用地整备入市的意愿，在调查问卷中，我们将问题设为“您是否愿意本村的集体经营性建设用地整备入市”，“愿意”为 1，“不愿意”为 0。

（2）自变量的选取与方向假设

对农村集体经营性建设用地整备入市参与意愿的影响因素，我们选择村民自身特征、家庭特征、对整备入市政策了解度及对入市效果的预期 4 个方面，村民自身特征选取：村民学历、年龄、教育情况、风险喜好 4 个题项；家庭特征选：农业依赖度、家庭所在村的地理位置 2 个题项；村民对整备入市政策了解度通过设置题项“您对整备入市土地政策的了解程度？”来检测；入市效果预期通过设置题项“您对农村集体经营性建设用地整备入市效果的预期？”来检测。按照已有的关于农村集体经营性建设用地入市流转的相关理论以及实地调研情况的分析，对农村集体经营性建设用地整备入市参与意愿的影响因素提出如下研究假设。

性别。性别的影响方向不确定。

年龄。通常来说，年轻村民接受新事物新思想的可能性比年长的村民要大，因此我们假设年龄越大的村民接受整备入市的意愿越弱，方向为负。

教育情况。通常来说村民文化程度越高，越易接受新事物、新方式、新制度、新思想。因此我们假设村民接受的教育越多，学历越高，则接受整备入市的意愿就越强，方向为正。

风险偏好情况。风险偏好一般分为风险偏好、风险中性和风险规避型。我们通过设置是否愿意尝试整备入市来检测村民的风险偏好情况。通常情况下，风险偏好强村民，越愿意尝试新事物从而做出相应的行为，因此我们假设风险偏好越强的村民越愿意尝试整备入市，方向为正。

农业依赖度。农业收入占家庭收入的比重越大，该家庭对农业的依赖度越高，对农村建设用地的依赖就越强，即农户对农业依赖度越高，其参与整备入市的意愿越弱，方向为负。

家庭所在村的地理位置。南海位于珠三角的腹地，经济发展强劲，但区域发展不平衡，东、中、西不同地理位置的镇街经济社会发展水平差异较大。家庭所在村的地理位置如果是在经济发展较好的区域，那么其农村集体土地价值越高，村民就越希望掌控土地入市自主权；而家庭所在村的地理位置经济发展越差，那么农村集体土地价值越低，村民越倾向于通过整备入市，因此方向为正。

村民对土地整备入市政策的了解程度。一般地，村民对整备入市政策的了解程度越高，越容易认识到整备入市优缺点，就越有可能增加其对整备入市的响应度。那么，则有：村民对整备入市政策的了解程度越深，则参与整备入市的意愿越强，方向为正。

村民对农村集体经营性建设用地整备入市效果的预期。村民对整备入市效果的预期满意程度越高，认识到入市可能带来的农民增收与农村发展效果越明显，其接受的意愿就越强烈。那么，则有：村民对整备入市效果的预期满意度越高，其参与整备入市的意愿越强。

有关变量说明与赋值情况如表 6-5 所示：

表6-5 变量名称及赋值定义

变量类型	变量名称	变量赋值定义	预计影响方向
因变量	整备入市意愿	不愿意 =0；愿意 =1	—
自变量	性别	男 =1；女 =2	不确定
	年龄	小于 30 岁 =1；≥ 30 且 <40 岁 =2；≥ 40 且 <50 岁 =3；≥ 50 且 <60 岁 =4；≥ 60 岁 =5	负向
	教育	小学 =1；初中 =2；高中或中专 =3；大专及以上 =4	正向
	入市风险偏好	不愿尝试 =1；观望 =2；愿意尝试 =3	正向
	农业依赖度	农业 =1；以农业为主的兼业 =2；以非农业为主的兼业 =3；非农业 =4	负向
	家庭所在村的地理位置	东部区域（桂城、里水、大沥）=1；中部区域（狮山）=2；西部区域（西樵、丹灶、九江）=3	正向
	村民对土地政策的了解程度	不了解 =1；比较了解 =2；了解 =3	正向
	村民对农村集体经营性建设用地入市效果的预期	没效 =1；有待观察 =2；有效 =3	正向

（3）模型的建立

村民“愿意”或“不愿意”接受农村经营性建设用地整备入市是一个二向性问题，即村民是否愿意本村的农村经营性建设用地通过整备入市可以明显地划分为“是”与“否”，亦即愿意与否可以设置成取值为“ 1 ”或“ 0 ”的虚拟变量问题。计量方法 Logit 模型是经常被用于分析该类问题的基本工具。该模型的理论基础为二元选择理论，模型函数为逻辑概率分布函数。根据本研究需要，我们只选取愿意接受或不愿接受农村集体经营性建设用地整备入市两种行为意愿的村民样本记录，持中立态度的村民样本被剔除在外。所以文章采用二项逻辑回归模型来分析村民对集体经营性建设用地整备入市意愿的影响因素。

2. 模型估计与结果分析

本章的模型估计在 SPSS13.0 软件中进行，采用的 ENTER 方法，Cox&Snell R 方为 0.076，Nagelkerke R 方为 0.114，各个参数的估算系数符合经济学意义，说明模型整体回归效果较好，回归结果具有可信性，具体结果见表 6-6。

表6-6 模型估计结果

变量名称	B	S.E	Wals	df	Sig.	Exp (B)
性别	0.514	0.224	5.281	1	0.222	1.672
年龄	-0.144	0.096	2.225	1	0.136	0.866
教育情况	0.094	0.119	0.627	1	0.428	1.099
村民家庭所在村的地理位置	0.340	0.124	7.492	1	0.006**	1.405
农业依赖度	-0.077	0.102	0.578	1	0.447	0.926
入市风险喜好	-0.201	0.163	1.512	1	0.219	0.818
对整备入市土地政策的了解	0.431	0.143	9.025	1	0.003**	1.539
对土地整备入市效果的预期	0.437	0.190	5.275	1	0.022*	1.548
常量	-3.607	0.652	30.587	1	0.000	0.027

注："*" 在 5% 水平显著，"**" 表示在 1% 水平显著。

由回归结果可知，最后进入回归方程的是家庭所在村的地理位置、对整备入市土地政策的了解和对土地整备入市效果的预期，这三个变量都通过了显著性检验，系数分别为 0.340、0.431 和 0.437，均为正。其中村民家庭所在村的地理位置在 1% 水平上显著，另外两个变量在 5% 水平上显著。说明村民家庭所在村的地理位置越是偏远、对整备入市土地政策的了解、对土地整备入市效果的预期越好，则村民越愿意农村集体经营性建设用地整备入市。表 6-6 中"家庭所在村的地理位置、对整备入市土地政策的了解和对土地整备入市效果的预期"这三个预假设得到证实，而其他五个预假设不能通过。

村民家庭所在村的地理位置是农户家庭的一个客观因素，村民是否接受整备入市与家庭所在村的地理位置密切相关。当村民家庭所在村的地理位置处于南海东部片区的镇街时候，村民接受整备入市的程度较低；而当村民家庭所在村的地理位置处于南海西部片区的镇的时候，村民更愿意通过整备入市。因此，村民家庭所在村的地理位置影响村民接受整备入市的意愿。

村民对土地整备入市政策的了解程度能显著影响其接受整备入市的程度。

在村民对农村集体经营性建设用地整备入市政策不了解的情况下，村民担心在整备入市交易过程中自己土地权益会有所变化甚至会失去土地所有权，则会选择不愿意参与集体经营性建设用地整备入市交易。

村民对土地整备入市效果的预期能显著影响其接受整备入市的程度。在村民对农村集体经营性建设用地整备入市实施效果预期不满意的情况下，村民担心在整备入市交易过程中无法保障自身利益，则会选择不愿意参与集体经营性建设用地整备入市交易。只有让村民获得整备入市带来的好处时，村民才比较容易接受整备土地入市，并推动身边村民支持土地整备入市。

（四）研究结论和政策建议

从以上分析结果，我们得出以下结论：目前，南海实施农村集体经营性建设用地整备入市的效果欠佳，究其原因阻碍农村集体经营性建设用地整备入市的推进的因素好多，而本书从村民微观角度通过问卷调查和模型的构建，发现村民家庭所在村的地理位置、对整备入市土地政策的了解和对土地整备入市效果的预期三个因素是影响村民对整备入市响应的关键因素。为此，我们提出以下几点对策建议，希望能对整备入市的顺利推进提供参考。

1. 集中力量抓住突破点，顺势而为逐步铺开

由于村民家庭所在村的地理位置相对稳定，较难改变，而不同的村因所处的区位不同、面积连片程度不同而形成的不同经营单位巨大的收益差距；加上不同镇街产业发展水平差异较大；导致村民、村集体托管土地的意愿差异很大。从模型构建中我们得知村民家庭所在村的地理位置是影响村民接受整备入市的显著因素，在实际的调研中我们发现东部镇街村民、村集体托管土地的意愿确实弱于中、西部镇街。集体土地整备入市的成功案例先后在九江镇和丹灶镇得以实施，主要是与这两个镇的地理位置和经济发展程度有关，两个镇都不是在南海区的中心位置，经济发展速度相对落后，农村集体土地价值还不是很高，村民对产权的重视程度及不上其他镇街，村与村之间的矛盾相对容易调和。基于这种情况，文章建议南海集体经营性建设用地整备入市要集中力量抓住西部镇街突破点深入突围，顺势而为逐步铺开。

2. 加大宣传，引导村民正确认识整备入市的制度本质

从调查结果来看，村民对整备入市制度“了解”的仅占 21.3%，说明关于

整备入市制度的宣传工作还有待深入。通过加大宣传力度，强调农村集体经营性建设用地通过整备入市后土地所有权依然是村集体的、产权依然掌握在村民的手里，消除村民对整备入市后土地产权会改变的顾虑，突出农村土地整备的长远好处，并制定出相应的机制来确保农村集体在土地整备后收益的稳步增加和土地价值的长远发展。

3. 切实做好整备入市的示范效应，提升村民对整备入市的效果预期

在调查村集体和村民托管土地意愿发现，较发达的南海东部镇街的土地价值较高，村集体和村民在已有的土地流转中收益已然较高，他们不希望托管土地，主要是害怕失去土地的掌控权，也担心托管后的收益会比原来低。针对这种情况，建议政府部门切实做好农村集体经营性建设用地整备入市的示范效应，提升村民对整备入市的效果预期。

三、南海农村集体经营性建设用地整备制度的实践效果及优化建议

广东省佛山市南海区尝试通过首创农村集体经营性建设用地整备制度，来解决南海农村土地量大分散、产业用地空间缺乏的难题，实践初步取得一定成效，但进展缓慢，效果有待提升。文章首先厘清农村集体经营性建设用地整备制度的概念内涵，然后分析南海农村土改历程及指出土地整备制度提出的基础依据，继而从理论上剖析南海农村土地整备运作机制并通过案例来评价其实施效果，最后对南海农村土地整备制度的发展优化提出建议。

2015 年 2 月，广东南海入选为 33 个农村土地制度改革试点区域之一，主要就集体经营性建设用地入市方面展开探索。根据第二次土地调查结果发现广东南海农村集体经营性建设用地量大块小、主权分散特点明显，面积在 25 亩以下的地块超过 80%，约有 57 万亩的农村集体建设用地的产权掌握在全区 2304 个农村集体经济组织手里。这与南海现代化用地规模不相适应，为此广东南海政府创全国之先河，首创农村集体经营性建设用地整备制度并加以实践。当前无论对相关案例的实际操作经验层面，还是对该制度理论的研究层面都十分欠缺。文章在分析南海农村集体经营性建设用地土地整备内涵和运作机制的基础上，对南海农村土地整备案例的实践效果加以分析，从而指出南海土地整备的实施困境及提出未来完善方向，旨在为我国其他城市的集体经营性建设用

地入市的制度变革和土地整备制度的探索完善提供参考。

（一）土地整备内涵分析

土地整备一词并不是南海首创，早在2011年的深圳政府文件《深圳市人民政府关于推进土地整备工作的若干意见》中已然出现。深圳市的土地整备主要是为了解决城市存量土地的再开发而提出；而南海的土地整备是针对农村存量土地，为了解决农村土地量大块小分散而提出的。全国首个针对农村集体经营性建设用地而成立的土地整备中心产生于南海，具体挂牌时间是2016年10月17日，并于20日发布《佛山市南海区农村集体经营性建设用地整备管理试行办法》；该文件所述的农村集体经营性建设用地整备是指按照土地利用总体规划和城乡规划，由区、镇两级集体土地整备中心采用托管形式，对存量农村集体经营性建设用地整合和开发，一并招商和入市的行为①。

（二）土地整备制度提出的基础

南海的土地整备制度并不是一夜之间就出现，而是在对农村土改制度不断探索不断演化的基础上提出的。南海集体土地制度的演进脉络主要是沿着家庭联产承包经营方式的改革、土地规模经营试验、集体建设用地的自发流转、农村股份合作制的创造，最后到土地整备制度的提出。南海政府在不改变集体土地属性的前提下，通过成立农村土地整备中心，由政府出面对低效用地进行统筹运营管理，从而引进更优质企业、形成先进产业，推动产业税基朝健康方向发展。

（三）土地整备运作机制

机制一词的含义很丰富，这里是指一个工作系统的组织与组织或者部分与部分之间的相互作用的过程方式②，具体到农村土地整备运作机制，既包括为保证土地整备顺利开展而设立的机构及赋予的相应职能，也包括各机构为履行职能而形成的各种沟通协作关系。由于南海农村土地整备制度属全国独创，没

---

①付宗平．集体经营性建设用地入市存在的问题及对策——基于成都市的实证分析[J]．农村经济，2016(9)：31-36.

②侯杨杨.城乡统筹视角下农村集体经营性建设用地入市机制研究[D].郑州：郑州大学硕士学位论文,2015.

有现成的案例作为参考，所以我们从现有的相对成熟的国有土地的整备制度获取一些启发和经验，从土地整备运作的范围、运作主体、运作流程、运作资金筹措及土地收益等方面加以分析。

1. 土地整备的范围

经调研得知南海农村土地整备的地块中既存在还没入市的地块，也存在已经入市的地块，其中还没入市的地块主要包括四种类型：一是地块当前功用与经济发展要求、城乡规划相悖；二是提前连片整备以满足各类重大需求用地；三是与空间优化相悖的用地；四是农村集体申请整备的地块。另一个则是已经入市的地块，该类地块如果存在争议或问题，则应先收回使用权并妥善解决相关问题再重新申请整备。

2. 土地整备运作主体

从南海的实践来看，农村地块涉及的利益主体也相对较多，权属错综复杂，借鉴城市土地整备中心的做法，成立区、镇街两级农地整备中心，通过土地整合、产业规划、前期开发、招商引资等环节，促进农村土地更顺利入市。南海土地整备运作主体就是区、镇（街）集体土地整备中心。

3. 土地整备运作流程

南海农村集体土地整备制度的运作流程，主要包括三个步骤：第一个是托管，村集体把土地托给整备中心，让其对土地使用权进行运营管理，并通过协议分享土地收益；第二个是整备中心对集体土地的前期整理开发，主要包括拆迁、平整、归并整理和建设配套基础设施等工作，最终形成可供入市的土地；第三个是整备土地的入市，由整备中心按照相关计划及规划实施招商和入市环节，并负责后续运作管理。

4. 运作资金筹措问题

由于南海农村土地整备中心定性为非营利性质的事业单位，其整备过程中所需的资金主要来源于区财政年度预算，但要求整备中心按整备计划向区财政部门申报，同时资金的使用去向必须接受财政和审计部门的监督。

5. 土地收益的分配

南海农村土地的收益是按村集体组织和整备中心签订的协议的比例来分配的。村集体组织可以选择一次性取得收益，也可在土地托管期间分期获得，还可以按特定比例在土地入市后取得的实际收益来分配。整备中心则按托管协议获得相应的托管费用。

（四）案例实施评价及对策

1. 案例实施评价

2016年10月我国第一个农村集体土地的整备中心在佛山市南海区成立，随后其下辖的各镇街先后成立镇街土地整备中心。但集体整备中心建立后的推广进程并不是十分乐观，建立的第一年没有一例成功整备案例；2017年仅有九江镇有所突破，涉及119亩农村集体土地的整备；2018年丹灶镇获得突破，长江氢能源汽车整车项目的落户所采用的1000亩土地就是通过整备而来的。其中九江镇整备的地块位于九江大道河清段道路旁，涉及两个村集体，该地块此前是大小不一的交织连片的鱼塘，九江镇土地整备中心以1万元／亩的租金价格取得这片土地的开发权；丹灶镇的长江氢能源汽车整车项目所需的1000亩大规模连片土地也是通过整备而来的，涉及多个土地权属主体。

集体土地整备之所以先后在九江镇和丹灶镇得以实施，主要是与这两个镇的地理位置和经济发展程度有关，两个镇都不是在南海区的中心位置，经济发展速度相对落后，农村集体土地价值还不是很高，村民对产权的重视程度及不上其他镇街，村与村之间的矛盾相对容易调和。

南海土地整备的推进尽管较为缓慢，但其发展思路符合了新时期南海区的用地需求。整备制度看上去很美，但实际执行起来难度非常大，经对村民的访谈得知，桂城、大沥、里水等镇街的村民对农村土地的产权非常看重，他们对更加开放的市场和更加顺畅的农村土地流转更感兴趣，但对政府主导的统筹与规划积极性不高，也就是说村民不希望把土地委托给集体土地整备中心。另外在东中部镇街的调研中发现，由于各个村集体都拥有一定比例的集体用地，不同的村因所处的区位不同、面积连片程度不同而形成的不同经营单位巨大的收益差距，不同村之间的功能划分难以分配，公共服务设施也难以落地；整备连片农村集体土地都得按照一定的规划落实公益性项目、公共服务设施及基础设施用地，但村集体和村民基本都不愿意把自己村的集体用地用来建设公共配套设施。

2. 实践中遇到的困难

（1）南海村集体托管土地意愿差异

不同的村因所处的区位不同、面积连片程度不同而形成的不同经营单位巨大的收益差距；加上不同镇街产业发展水平差异较大；导致村集体托管土地的意愿差异很大。调研中发现东部镇街村集体托管土地的意愿较弱，西部镇街的相对较强。

（2）托管年限到期后土地产权及其上盖物的处置矛盾

整备中心对村集体委托的土地按相应的城乡规划实施连片开发，并落实建设各类公共服务设施及基础设施，因此就会出现不同村集体土地上的上盖物各不一样的问题，有的可能是高耸的办公大楼，有的可能是低矮的工业用房，有的可能是道路或绿地，也有的可能是垃圾中转站或污水临时储备处等。由于按照南海现行规定农村集体用地出让出租到期后，土地上盖物归村集体，但是如此一来集体土地使用方在投资使用过程中会有所束缚，不同村之间关于自己村的土地是用什么用途也会特别注重，因此村与村之间的矛盾难以调和。

（3）土地整备成本过高

按规定，集体土地整备中心与村集体是通过签订托管协议来分配收益的，而在集体土地整备过程中涉及的配建基础设施及其他相关公益用地将会使整备中心用于对外供应的土地面积小于集体最初托管的土地面积，再加上依照现行的税法规定，整备中心将要交纳土地增值税、印花税、企业所得税、土地增值收益调节金等税费，如此形成的土地整备成本将相当高昂。

（五）对策建议

1. 保障村集体收益稳步增长

在调查村集体和村民托管土地意愿时发现，较发达的南海东部镇街的土地价值较高，村集体和村民在已有的土地流转中收益已然较高，他们不希望托管土地，主要是害怕失去土地的掌控权，也担心托管后的收益会比原来低。针对这种情况，建议政府部门要加强宣传，强调土地所有权依然是集体的，突出农村土地整备的长远好处，并制定出相应的机制来确保农村集体在土地整备后收益的稳步增加和土地价值的长远发展。

2. 设立股份机制，分配托管土地及上盖物收益针对托管后村与村之间的土地界限的打破及托管期满后因上盖物价值不一样带来的权属收益和归属问题，政府部门可以从三方面加以解决，首先是在托管前对土地的原始价值进行评估并折股到村集体。第二是托管到期后，按股份比例来分享土地上盖物的收益。第三，托管到期后要么续约，要么通过村集体共同引进专业公司进行运营管理，收益按股份多少进行分配。

3. 降低财务成本，并一定程度上对整备中心进行补贴

按照（南府复〔2016〕635 号）文件得知南海土地整备中心被认定为非营利性组织，可以获得相应的税费优惠，这为整备工作的顺利开展和加快推进奠定基础，也大大降低了整备中心的运营成本。农村集体土地整备中心实际上是依靠政府统筹资源的优势，从长远上谋划农村土地的更大价值，若要整备中心更顺利进行，其整备成本得进一步降低甚至需要政府对其进行补贴，以确保村集体的利益不降甚至能稳步增加。

第七章 南海农村集体经营性建设用地入市依然存在的问题及优化策略

一、南海农村集体经营性建设用地入市依然存在的问题

2020年1月起，新修改的《土地管理法》正式实施，允许集体经营性建设用地不经过地方政府征收而直接入市，但现实中允许入市和入市改革实践之间还存在较大差距。南海农村集体经营性建设用地入市依然存在问题。

（一）南海农村集体经营性建设用地入市不均衡

全区范围内，不同区位的集体经营性建设用地入市规模、价格等受到区位自然经济社会条件，比如土地规模、土地质量、土地用途、土地区位等的制约。在调研中得知南海东部区域、中部区域和西部区域农村集体经营性建设用地入市情况存在明显差异，经济发达、工业化相对超前的南海东部区域的土地区位条件往往优于南海的中部区域和西部区域；南海东部区域由于人口、产业和基础设施集聚的原因，相应的农村集体建设用地较于中部和西部区域的农村集体建设用地更具区位优势。区位条件差异影响集体经营性建设用地入市改革进程，这是因为：区位条件的好坏直接影响到土地入市流转的机会；区位条件的差异也会影响土地入市价格的高低，在相同规划用途下，区位条件较优的土地通过入市往往能够获得更高的增值。

（二）南海村民的入市意愿还有待提高

南海村民集体是南海农村集体经营性建设用地入市制度变迁的推动者，是入市收益的分享者，是集体经营性建设用地入市的核心主体。农民集体是制度变迁的推动者，是入市收益的分享者，是集体经营性建设用地入市的核心主体。村民的入市意愿是农民集体行动的重要条件，入市意愿的高低影响到集体经营性建设用地入市改革的成效。当前南海村民中63.42%的同意农村集体经营性建设用地入市，但仍有36.58%的受访村民意愿较弱，南海村民的入市意愿还

有待提高。影响村民对农村集体经营性建设用地入市意愿的关键因素有五个：村民教育水平、农业依赖度、家庭年纯收入、对入市效果预期及如何看待农地入市风险。

（三）整备入市成效欠佳，推动难度大

农村集体经营性建设用地整备入市能较好解决农村建设用地量大分散、产业用地空间缺乏的难题。通过整备土地入市，能够扩大农村集体建设用地入市规模，提升土地连片开发效率，实现引进优商优资，推动产业升级。但当前农村集体经营性建设用地整备入市的实践成效欠佳，推动难度大。村民对土地产权依然比较担忧，对整备入市的效果预期不是特别好；另外，整备入市利益共享机制还没完全理顺，土地整备成本依然较高。

（四）南海农村集体经营性建设用地抵押融资机制有待完善

南海区也出台农村集体建设用地抵押融资管理试行办法，允许符合条件的集体经营性建设用地使用权抵押及地上物业租金收益权质押。但通过调研得知，一开始的时候，基层金融机构出于对农村集体建设用地抵押权的顾虑，几乎没有设置以农村集体建设用地为抵押物的专项金融产品；后来，南海政府为了打消和减轻金融机构的顾虑，探索建立区级农村集体经营性建设用地风险补偿基金，对不能履行债务且抵押物或质押财产难以变现的集体经营性建设用地融资活动进行适当补偿……这从侧面说明，农村集体经营性建设用地的市场认可度还不高，农村集体经营性建设用地抵押融资机制有待完善。

（五）南海农村集体经营性建设用地入市批后监管水平有待提高

在南海农村集体经营性建设用地入市实践的初期，由于相应规范政策文件的缺失，以及“集体经营性建设用地项目只可以抵押房产，不可以抵押土地”的规定，有不少获得农村集体建设用地的企业涉足一些违规开发谋求利润的情况，为此，中国银监会和国土资源部明确，在试点地区，对符合规划、用途管制、依法取得的前提下，以出让、租赁、作价出资（入股）方式入市和具备入市条件的农村集体经营性建设用地使用权可以办理抵押贷款。尽管如此，取得南海农村集体经营性建设用地的企业依然出现各种违规做法，相比于国有建设用地有完善的法律法规和政策，对集体经营性建设用地上的房屋开发建设、房屋销售、房屋出租等行为法律法规依据却不足，因此造成了批后监管难的问题，

也说明南海农村集体经营性建设用地入市批后监管还没到位。

（六）增值收益分配机制还有待完善

尽管南海农村集体建设用地入市取得了不少的成果，但收益分配均衡机制尚未完善，地方政府对增值收益分配存在疑虑。南海政府为了公共利益实现，南海政府需要允许政府参与集体建设用地入市的分配，保证公共职能的履行，但从集体产权规定来说，地方政府没有这个基础。也就是说，当前，南海地方政府参与分配方式、调节金计提比例以及其确定标准等规定还需要进一步完善。第二就是区内不同区位的村镇由于地区间区位和规划的差别造成了入市收益的巨大差异，会进一步拉大不同区位镇街收入水平，由此导致集体之间土地收益分配不公。此外，村民内部收益分配涉及农民集体自治问题，当前集体土地所有权行使主体的不明晰与基层民主监督管理机制的不完善，使得收益分配存在层层提留、中饱私囊现象，严重影响收益分配公平，极大侵害了农民权益，因此，需明确指导方案来保证收益分配合法合理合情，以实现增值收益在全社会均衡可持续分配。

二、南海农村集体经营性建设用地入市的政策优化

随着新《土地管理法》的实施，农村集体经营性建设用地入市的法律障碍已经破除，集体经营性建设用地入市依然合法，但其推广实施依然存在阻碍。南海在试点改革中取得了较好的成效，但通过上述章节的深入研究，发现南海农村集体经营性建设用地在入市意愿、入市制度建设、入市融资权能、收益分配及村集体监管体系等方面还得进一步提升或完善，困难依然较多，并有待破解。基于此，本书提出以下政策性建议，以期减少南海农村集体建设用地入市改革阻碍，推动南海农村集体经营性建设用地高效入市。希望南海的实践经验能为其他农村集体建设用地入市提供参考。

（一）统筹考虑效率，激发不同区位农村土地入市潜力

从南海试点看，南海东部片区、中部片区和西部片区由于区位条件、资源禀赋和发展阶段不同，农村集体经营性建设用地入市的方式、入市土地来源、入市模式都会有所差异，为此，集体经营性建设用地入市模式的选择也需因区位制宜、因阶段而变，统筹考虑效率、效益及其外部性，分析不同区位的适宜

的入市方式。未来南海农村集体经营性建设用地可考虑进一步放松对集体经营性建设用地建设住房的用途管制，逐步释放闲置宅基地的潜能，形成可复制、可推广的入市模式，重点总结南海的实践经验，形成可供借鉴的可行性经验。

（二）切实提升村民入市意愿

一般来说，农村集体建设用地入市规则和体系愈完善，村民对于入市活动则愈了解，其对于入市改革的期望与行为也会愈发理性。为此南海颁布了《佛山市南海区农村集体经营性建设用地入市管理试行办法》《佛山市南海区农村集体经营性建设用地整备管理试行办法》《佛山市南海区农村集体经营性建设用地入市公开交易规则》《佛山市南海区农村集体经营性建设用地产业载体项目管理试行办法》等文件，以便集体建设用地入市有法可依、有章可循。

从调研组的调研结果得知，当前南海村民对农村集体经营性建设用地入市的意愿还有待提高，未来南海可以通过提升村民的受教育水平，降低村民对农业的依赖度，提升村民家庭年纯收入，切实做好入市的示范效应，提升村民对入市的效果预期；加强入市知识普及教育，引导村民正确认识农地入市的制度本质，降低农地入市风险等对策来切实提升村民的入市意愿。

（三）完善整备入市制度

南海农村土地量大、分散、细碎，而要实现经济转型升级，就必然从土地整备加以解决，没有经整备的大规模的连片的农村建设用地，就没办法实现高质量的产业发展。通过试点，南海独创了经营性建设用地整备制度，但是推进步伐很慢，村集体响应的很少，农村集体建设用地入市仍然是各个村集体经济组织各自为政，整备入市的成功案例很少，入市规模仍然偏小。本书提出几点对策建议，以便使农村集体建设用地整备入市更顺利。第一，引导村集体、村民正确认识整备入市制度。第二，提升村集体经济组织对整备入市的效果预期。第三，建立农村集体经营性建设用地整备入市利益共享机制。第四，强化区镇政府的干部管理制度、规范其行政行为。

（四）完善配套金融服务

鼓励银行业金融机构在风险可控和商业可持续的前提下扩大农业农村贷款抵押物范围，支持社会资本通过资产证券化、股权转让等方式，盘活存量资产，丰富资本进入退出渠道，探索利用存量财政资金，以担保、贴息、注入资本金、保证保险等方式撬动金融资本、工商资本进入乡村。

（五）明确村集体的监管责任

由于集体建设用地的土地成本较低，所以出现用集体建设用地来开发公寓类住宅产品，然后以转让使用权或者签订长期租约等方式进行售卖的情况，为此，佛山南海出台《佛山市南海区农村集体经营性建设用地及房屋开发经营监管试行办法（征求意见稿）》，明确村集体除了与开发商签订合同，还应尽到监管义务，这初步明确了南海农村村集体的监管责任，但还不够明确和具体，未来还得进一步明确村集体的监管责任，形成全链条、全周期监管体系。

（六）完善的资产管理及收益分配机制

农村集体建设用地权的权能主要体现为占有、使用和处分权，是一种静态的用益物权，农村集体建设用地市场作为土地市场的细分形式，集体经营性建设用地入市将产生可观的收益，这就必然涉及国家、集体和个人对土地增值收益分配问题，如何充分调动各方面的积极性和主动性，显然影响集体建设用地入市进程。在调研中得知，当前，南海地方政府参与标准在未做限制的情况下，高比例的增值收益金可能成为解决当地财政资金紧张的选项，而这会打击农民入市的积极性，引发集体经营性建设用地隐形交易。因此正确处理土地增值收入分配，管好、用好和分好这部分增值收益金亟须建立相对完善的资产管理机制，从而促进利益各方入市的积极性。此外，还需要维护各方利益，对增值收益进行合理分配，保证收益分配统筹且公平；集体内部收益分配则应该从农民主体角度出发，完善基层民主决策与民主监督机制，实现农民自治。

附录 1 南海农村集体经营性建设用地入市调查问卷

各位村民：

您好！我们是“南海农村集体经营性建设用地入市”课题实践小组，诚邀您对以下问题作出回答，根据您的实际情况打钩即可！本问卷仅用于学术研究，全部匿名，敬请放心。非常感谢您支持大学生开展课题实践活动。谢谢！

“南海农村建设用地入市”课题实践小组

2019 年 4 月 2 日

1. 性别

◎男　　◎女

2. 年龄

◎ 30 岁以下（不含 30）　◎ 30（含 30）～ 40 岁（不含 40）

◎ 40（含 40）～ 50 岁　◎ 50（含 50）～ 60 岁（不含 60）

◎ 60 岁及以上

3. 受教育水平

◎小学　　◎初中　　◎高中或中专　　◎大专及以上

4. 职业

◎农业　◎以农业为主的兼业　◎以非农业为主的兼业　◎非农业

5. 家庭年纯收入

◎ 2 万元及以下（不含 2 万）　◎ 2 万（含 2 万）～ 4 万（不含 4 万）

◎ 4 万（含 4 万）～ 6 万（不含 6 万）　◎ 6 万及以上

6. 您如何看待农村集体经营性建设用地入市？

◎不愿尝试　　◎观望　　◎愿意尝试

7. 您对土地政策的了解程度

◎不了解　　　◎比较了解　　　◎了解

8. 您对农村集体经营性建设用地入市效果的预期（效果预期满意度）

◎没效　　　◎有待观察　　　◎有效

9. 您认为南海集体经营性建设用地入市是否有利于农民增收与农村发展？

◎不利于　　　◎有利于

10. 您认为南海集体经营性建设用地入市制度操作可行吗？

◎不可行　　　◎可行

11. 您认为农村土地入市是否会引发风险？

◎不存在风险　　　◎难以预测　　　◎存在必然的风险

12. 您认为集体经营性建设用地入市存在哪些风险？

◎不利于保护耕地　　　◎导致经济建设的短视和投机

◎影响社会稳定　　　◎其他风险

13. 您认为预防入市风险可以做哪些准备工作？

◎完善法律堵住制度漏洞　　　◎统一城乡土地权利，实现同地同权

◎建立统一的城乡土地流转市场　　　◎其他

14. 您认为谁应该是农村集体经营性建设用地入市后最大的受益者？

◎村民　　　◎村集体　　　◎地方政府

15. 您认为土地增值收益分配的主体应该包括哪些？（可多选）

◎村民　　　◎村集体　　　◎地方政府　　　◎其他

16. 您认为土地增值收益分配中农户个人得到多少比例合适？

◎ <20%　　　◎ ≥ 20% 且 <40%　　　◎ ≥ 40% 且 <50%

◎ ≥ 50% 且 <70%　　　◎ ≥ 70%

17. 您认为土地增值收益应花在哪些用途合适？（可多选）

◎农田水利建设，生产条件改善　◎投资建厂发展集体经济

◎提高农民生活水平　　　◎购买良种化肥等生产物资

◎购买农业保险　　　◎用于农民养老医疗保险等　　　◎其 他

18. 您是否同意本村农村集体经营性建设用地入市？

◎否　　　　◎是

19. 您不愿意集体经营性建设用地入市的原因？

◎目前产权不明晰，入市怕财产权得不到有效保护

◎对增值收益分配机制不满意　　◎农村社保不到位

◎缺少满意的流转途径　　　　◎对土地的情感依赖　　　◎其 他

20. 您认为现在享受的农村社会福利情况如何？

◎不好　　　◎一般　　　◎好

21. 对南海集体土地整备中心制度的了解程度？

◎不了解　　　◎一般了解　　　◎非常了解

22. 南海村集体土地增值分配是否公开？

◎否　　　　◎是

附录 2 佛山市南海区农村集体经营性建设用地入市管理试行办法

第一章 总 则

第一条 为加强农村集体经营性建设用地利用管理，规范农村集体经营性建设用地使用权市场秩序，保障农村集体经营性建设用地入市各方的合法权益，贯彻落实中共中央关于农村集体经营性建设用地入市改革试点精神，建立城乡统一的建设用地市场，根据《中华人民共和国物权法》《全国人民代表大会常务委员会关于授权国务院在北京市大兴区等三十三个试点县（市、区）行政区域暂时调整实施有关法律规定的决定》等法律、法规、规章及文件的规定，结合我区实际，制定本办法。

第二条 佛山市南海区范围内的农村集体经营性建设用地入市，适用本办法。

本办法所称农村集体经营性建设用地是指存量农村集体建设用地中土地利用总体规划和城乡规划确定为工矿仓储、商服等经营性用途的土地。

存量农村集体建设用地是指以 2014 年度土地变更调查成果为基础，参照南海区标图建库成果确定的农村集体建设用地，包括手续完善的农村集体建设用地、暂未完善用地手续的历史遗留农村集体建设用地。

本办法所称入市，是指将农村集体经营性建设用地一定年限的使用权出让、租赁、作价出资（入股）、转让、出租和抵押等行为。

国有划拨留用地可参照农村集体经营性建设用地入市，其入市方式及产权登记办法另行发文规定。

第三条 农村集体经营性建设用地属村（居）集体经济组织所有，农村集体经营性建设用地使用权入市不改变土地所有权性质。

第四条　有下列情形之一的土地，不得作为农村集体经营性建设用地入市：

（一）不符合土地利用总体规划、城乡规划、环保要求、区产业导向目录及相关产业规划的。

（二）土地权属有争议的。

（三）未取得集体土地所有权证和集体土地使用证的。

（四）司法机关和行政机关依法裁定、决定查封或以其他形式限制土地使用权利的。

（五）已办理抵押登记，且未取得抵押权人书面同意的。

（六）农村宅基地，另有法律、法规、规章、政策等规定的除外。

（七）以建设用地名义出让、租赁、作价出资（入股）或与建设用地捆绑出让、租赁、作价出资（入股）的农用地。

（八）农村集体经营性建设用地不得入市的其他情形。

第五条　涉及因历史原因形成的存量农村集体经营性建设用地，按规定完善相关手续的可以入市，具体办法另行发文规定。

第六条　农村集体经营性建设用地入市双方应当签订书面合同，并办理土地登记。

第七条　村（居）集体经济组织出让、租赁、作价出资（入股）、转让、抵押农村集体经营性建设用地使用权的，须经村（居）集体经济组织表决同意，并形成正式的书面表决材料。

第八条　建立农村集体经营性建设用地年度供应计划管理制度，区国土部门联合各镇（街道）根据土地利用总体规划、城乡规划、产业规划及土地利用的实际情况，共同编制农村集体经营性建设用地年度供应计划，报区人民政府批准后，下发各镇（街道）执行。镇（街道）审批入市申请时，确需调整供应计划的，另行报请区人民政府批准。

第九条　农村集体经营性建设用地使用权转让、出租和抵押时，其地上合法建筑物及附着物随之转让、出租和抵押；农村集体经营性建设用地上的建筑物及附着物转让、出租和抵押时，其占用范围内的农村集体经营性建设用地使用权随之转让、出租和抵押。

第十条　建立公共设施用地预留制度。村（居）集体经济组织必须严格按照城乡规划要求使用、出让、租赁、作价出资（入股）农村集体经营性建设用地，预留部分用地满足城乡公共基础设施和公共服务设施的用地需求。

第十一条　农村集体经营性建设用地使用权人依法使用、转让、出租、抵押农村集体经营性建设用地受《中华人民共和国物权法》《中华人民共和国合同法》等法律法规保护，村（居）集体经济组织及其他任何单位或个人不得非法剥夺和侵害。

第二章 农村集体经营性建设用地使用权出让、租赁、作价出资（入股）

第十二条　农村集体经营性建设用地使用权出让，是指村（居）集体经济组织以土地所有者的身份将农村集体经营性建设用地使用权在一定年限内让与土地使用者，由土地使用者向村（居）集体经济组织支付土地出让价款的行为。

农村集体经营性建设用地使用权租赁，是指村（居）集体经济组织作为出租人，将农村集体经营性建设用地使用权出租给承租人使用，由承租人与村（居）集体经济组织签订一定年限的土地租赁合同，并向出租人支付租金的行为。

农村集体经营性建设用地使用权作价出资（入股），是指村（居）集体经济组织以一定年限的农村集体经营性建设用地使用权作价，作为出资与农村集体经营性建设用地使用者共同举办联营企业的行为，该土地使用权由联营企业持有。

第十三条　农村集体经营性建设用地使用权出让、租赁、作价出资（入股）的最高年限不得超过同类用途国有建设用地使用权出让的最高年限。

第十四条　农村集体经营性建设用地使用权出让、租赁、作价出资（入股），必须在出让、租赁、作价出资（入股）合同中明确该宗地出让、租赁、作价出资（入股）后是否允许转让、出租、抵押，以及转让、出租、抵押的相关条件。

自本办法实施之日起，签订的出让、租赁、作价出资（入股）合同未明确转让、出租、抵押条款的，不得办理鉴证及土地登记。

第十五条　农村集体经营性建设用地使用权出让、租赁、作价出资（入股）

前，拟新建、改建、扩建或保留使用的，须取得区规划部门出具的规划条件。

自本办法实施之日起，未取得区规划部门出具的规划条件的农村集体经营性建设用地不得办理交易、鉴证等手续；未附带规划条件的出让、租赁、作价出资（入股）合同不得办理土地登记。

第十六条　农村集体经营性建设用地使用权公开出让、租赁的起始价（起始租金）、协议出让价（协议租金）或作价出资（入股）价格原则上不得低于农村集体经营性建设用地基准地价（基准租金）的70%；因特殊原因，起始价（起始租金）、协议出让价（协议租金）或作价出资（入股）价格低于70%的，该宗地在申请入市审批时，村（居）集体经济组织须提交加具公章的相关说明材料，说明材料应包含降低起始价（起始租金）、协议出让价（协议租金）或作价出资（入股）价格的原因。

农村集体经营性建设用地使用权的起始价（起始租金）、协议出让价（协议租金）或作价出资（入股）价格的设定不符合上述要求的，镇（街道）农村集体资产管理部门不予受理其入市申请。

第十七条　农村集体经营性建设用地出让、租赁、作价出资（入股）后，土地使用者必须严格按照出让、租赁、作价出资（入股）合同的约定开发使用土地，未经批准不得改变土地用途、容积率等土地使用条件。擅自改变的，土地使用者应按合同约定承担违约责任，且区规划、住建、国土、城市执法等部门有权按规定进行处罚。

第十八条　出让、租赁、作价出资（入股）的农村集体经营性建设用地拟改变土地用途且原合同有约定的，从其约定；原合同未约定的，由村（居）集体经济组织报经区规划、住建、国土等部门批准，在缴纳土地增值收益调节金及相关税费后办理土地登记。

第十九条　农村集体经营性建设用地使用权出让、租赁、作价出资（入股）后，交易双方应持《农村集体经营性建设用地使用权出让［租赁、作价出资（入股）］合同》、集体土地所有证、原集体土地使用证、土地出让价款（租金）及土地增值收益调节金及税费缴纳凭证等资料，向区不动产登记机构申请办理土地登记，领取集体土地使用证或土地他项权利证明书。

以出让、作价出资（入股）方式入市的农村集体经营性建设用地应办理集体土地使用证，以租赁方式入市、以土地使用权抵押的农村集体经营性建设用地应办理土地他项权利证明书。

第二十条　在2011年9月1日前，村（居）集体经济组织已将农村集体经营性建设用地使用权出让或租赁的，本着实事求是的原则，可对历史遗留问题进行交易合同鉴证。交易双方向镇（街道）公共资源交易中心［以下简称“镇（街道）交易中心”］提出交易合同鉴证申请时，应符合下列条件：

（一）已办理集体土地所有证、集体土地使用证；

（二）在2011年9月1日前，双方已签订农村集体经营性建设用地使用权出让或租赁合同；

（三）在2011年9月1日前，村（居）集体经济组织已收取了地价款或至目前为止承租方仍在缴纳租金（以收费凭证为依据）；

（四）在2005年10月1日后进行交易的，应提供村（居）集体经济组织的表决材料；

（五）符合现行的土地利用总体规划、城乡规划；

（六）未被司法机关或行政机关依法裁定、决定查封或以其他形式限制土地权利；

（七）土地用途为非住宅用地。

镇（街道）交易中心核实后给予办理交易合同鉴证。交易合同不规范的，鉴证前应同村（居）集体经济组织按统一的合同格式补充合同内容，并作为原合同的附件一起鉴证。

符合土地登记条件的，交易双方可凭已鉴证的交易合同等资料到区不动产登记机构申请办理土地登记，领取新集体土地使用证或土地他项权利证明书。

第二十一条　村（居）集体经济组织对土地使用者依法取得的土地使用权，在出让、租赁、作价出资（入股）合同约定的使用年限届满前不得收回；在特殊情况下，经双方协商一致，村（居）集体经济组织可以依照法律规定提前收回，并根据实际对土地使用者给予相应的补偿。

国家因公共利益需要，对农村集体经营性建设用地进行征收或征用的，遵照相关法律法规的规定执行。

第二十二条　农村集体经营性建设用地使用权出让、租赁、作价出资（入股）年限届满的，农村集体经营性建设用地使用权、地上建筑物及附着物按出让、租赁、作价出资（入股）合同的约定处理，未约定的由村（居）集体经济组织无偿收回。

原土地使用者要求继续使用土地的，按以下程序申请续期：

（一）出让年限的续期。受让人应当至迟于使用年限届满前一年与村（居）集体经济组织协商，重新约定出让价格，村（居）集体经济组织经表决同意续期的，在取得区规划、国土部门及镇（街道）联席会议同意后，签订出让合同，缴纳土地出让价款后，双方缴纳土地增值收益调节金及税费，并办理农村集体经营性建设用地使用权变更登记。作价出资（入股）年限的续期参照出让年限的续期处理。

（二）租赁年限的续期。承租人应当至迟于租赁年限届满前六个月与村（居）集体经济组织协商，重新约定租金，村（居）集体经济组织经表决同意续期的，在取得区规划、国土部门及镇（街道）联席会议同意后，签订租赁合同，缴纳土地租金后，双方缴纳税费，并办理土地他项权利变更登记。

存在多重租赁关系的，由原承租人在租赁年限届满前六个月向村（居）集体经济组织提出续租申请。原承租人在租赁年限届满前六个月不提出续租申请的，由村（居）集体经济组织决定是否与土地使用者通过协议方式重新签订租赁合同。

第二十三条　农用地不得以农村集体经营性建设用地名义出让、租赁、作价出资（入股），不得与农村集体经营性建设用地捆绑出让、租赁、作价出资（入股）。

农用地发包时，不得在发包条件中设定该宗地转建设用地后其使用权由承包人直接取得。已发包的农用地拟转为建设用地入市的，必须先中止原承包合同，转为农村集体经营性建设用地后，重新办理入市手续。

第三章 农村集体经营性建设用地使用权转让、出租、抵押

第二十四条　农村集体经营性建设用地使用权转让，是指土地使用权人将

农村集体经营性建设用地使用权再转移的行为，包括出售、交换与赠予。

农村集体经营性建设用地使用权出租，是指土地使用者作为出租人将农村集体经营性建设用地使用权或随同地上建筑物及附着物出租给承租人使用，由承租人向出租人支付租金的行为。农村集体经营性建设用地使用权抵押，是指农村集体经营性建设用地使用权人作为抵押人以不转移占有的方式向抵押权人提供债务履行担保的行为。

第二十五条　通过出让、作价出资（入股）方式获得的农村集体经营性建设用地使用权转让的，原受让人的权利、义务随之转移；通过出让、作价出资（入股）方式获得的农村集体经营性建设用地使用权出租的，受让人应与承租人签订书面合同，约定双方的权利、义务。

通过租赁方式获得的农村集体经营性建设用地，承租人转让土地租赁合同的，租赁合同约定的权利义务随之转给第三人，租赁合同经更名后继续有效；通过租赁方式获得的农村集体经营性建设用地使用权出租给第三人的，出租双方应当继续履行原租赁合同，第三人取得土地的他项权利。

第二十六条　农村集体经营性建设用地使用权转让、出租、抵押应根据原出让、租赁、作价出资（入股）合同的约定确定；原出让、租赁、作价出资（入股）合同未约定的，须经村（居）集体经济组织表决确定。

第二十七条　农村集体经营性建设用地使用权转让的年限为原出让、作价出资（入股）合同约定年限减去已使用年限后的剩余年限。

农村集体经营性建设用地使用权出租的年限不得超过原出让、租赁、作价出资（入股）合同约定年限减去已使用年限后的剩余年限。

第二十八条　转让、出租农村集体经营性建设用地使用权，必须符合下列条件：

（一）已按照出让、租赁、作价出资（入股）合同约定支付地价款或租金，并取得集体土地使用证或土地他项权利证明书；

（二）出让、租赁、作价出资（入股）合同约定的其他条件。

第二十九条　农村集体经营性建设用地使用权抵押合同双方，应当在抵押合同签订后持相关材料，依照土地抵押登记相关规定，向区不动产登记机构申请办理抵押登记。

第三十条　以农村集体经营性建设用地使用权作为抵押物的，债务人不履行债务时，抵押权人有权依法处分抵押物，并对处分所得享有优先受偿权。

因处分抵押物而取得农村集体经营性建设用地使用权和地上建筑物及附着物所有权的，应当办理权属变更登记。

第三十一条　土地抵押权因债务清偿或者其他原因而消灭的，应当办理注销抵押登记。

第四章 农村集体经营性建设用地产业载体的开发与转让

第三十二条　农村集体经营性建设用地产业载体项目，是指经认定的出让农村集体经营性建设用地以商服、工矿仓储用途进行开发，竣工验收后，按规划、住建部门审定的房屋基本单元进行分割登记、分拆销售的开发项目。

第三十三条　农村集体经营性建设用地产业载体项目，由村（居）集体经济组织或土地使用权人向农村集体经营性建设用地入市管理办公室（以下简称“入市管理办公室”）申请认定。申请认定必须分别同时符合以下条件：

（一）商服产业载体项目

1．必须符合土地利用总体规划、城乡规划以及相关产业规划。

2．宗地用途为批发零售用地、商务金融用地、住宿餐饮用地（不含酒店等住宿类用地）和其他商服用地。

3．宗地在城市更新（“三旧”改造）项目范围外的，土地面积须达到50亩以上；在城市更新（“三旧”改造）项目范围内的，土地面积须达到20亩以上。

4．规划容积率须达到2.5以上。

5．土地面积或容积率虽未达到上述规定条件，但已报经区人民政府批准。

（二）工矿仓储产业载体项目

1．必须符合土地利用总体规划、城乡规划、环保、区产业导向目录及相关产业规划的要求。

2．宗地用途为工矿仓储用地。

3．宗地在城市更新（“三旧”改造）项目范围外的，土地面积须达到50

亩以上；在城市更新（“三旧”改造）项目范围内的，土地面积须达到20亩以上。

4．项目的投资强度、容积率、建筑系数、行政办公及生活服务设施用地所占比重、绿地率等土地利用控制性指标，需满足《关于发布和实施〈工业项目建设用地控制指标〉的通知》（国土资发〔2008〕24号）的要求。

5．土地面积、容积率、投资强度等虽未达到上述规定条件，但已报经区人民政府批准。

符合以上认定条件的，由入市管理办公室报请区人民政府批准同意。

第三十四条　农村集体经营性建设用地出让前申请认定农村集体经营性建设用地产业载体项目的，由村（居）集体经济组织提出，认定结果在出让方案和出让合同中载明。

已出让的农村集体经营性建设用地符合农村集体经营性建设用地产业载体项目申请认定条件需申请认定的，须经村（居）集体经济组织表决同意后，由土地使用权人提出申请。

第三十五条　农村集体经营性建设用地出让前申请认定农村集体经营性建设用地产业载体项目的，其开发单位须于该宗地公开成交后30日内与区国土部门签订土地开发协议，约定土地开发利用条件等内容。

已出让的农村集体经营性建设用地经认定为农村集体经营性建设用地产业载体项目的，其开发单位须于认定通知发出之日起30日内与区国土部门签订土地开发协议，约定土地开发利用条件等内容。

第三十六条　区规划、住建部门和区不动产登记机构在核发集体土地使用证、建设工程规划许可证、施工许可证和房屋所有权证时，应当注明“农村集体经营性建设用地产业载体项目（商服）”或“农村集体经营性建设用地产业载体项目（工矿仓储）”。已取得上述证件的，应在证件上补充注明“农村集体经营性建设用地产业载体项目（商服）”或“农村集体经营性建设用地产业载体项目（工矿仓储）”。

第三十七条　农村集体经营性建设用地产业载体项目取得集体土地使用证、建设工程规划许可证、施工许可证后，在满足按提供预售的房屋计算，投入开发建设的资金达到工程建设总投资的25%以上，并已经确定施工进度和竣工交付日期条件下，经住建部门核发预售许可证明的，可以分拆销售。

农村集体经营性建设用地产业载体项目的房屋销售后，购房者（业主）应向区不动产登记机构申请办理共用宗土地房产“两证合一”登记。核发的房地产权证上，应注明“权属人对地上房产的持有年限不超过本宗地的出让年限”。

第五章 农村集体经营性建设用地入市交易方式

第三十八条 南海区公共资源交易中心（以下简称“区交易中心”）、镇（街道）交易中心是区农村集体经营性建设用地入市公开交易的服务机构。区内的农村集体经营性建设用地公开交易必须经区或镇（街道）交易中心进行。镇（街道）交易中心承担对历史签订交易合同和协议方式交易合同鉴证的职责。

第三十九条 区、镇（街道）交易中心涉及农村集体经营性建设用地的交易范围根据《佛山市南海区农村集体资产管理交易办法》划分。

第四十条 农村集体经营性建设用地的公开交易方式包括招标、拍卖、挂牌（含网上挂牌）及现场竞价。

第四十一条 村（居）集体经济组织出让、租赁农村集体经营性建设用地使用权，原则上应采用本办法规定的公开交易方式进行交易。特殊情况需以协议方式将农村集体经营性建设用地使用权出让、租赁、作价出资（入股）的，须经村（居）集体经济组织表决同意，并形成正式的表决材料。镇（街道）农村集体资产管理部门收到经村（居）党组织审查备案的《农村集体经营性建设用地使用权出让［租赁、作价出资（入股）］表决书》《农村集体经营性建设用地使用权出让［租赁、作价出资（入股）］方案》和《农村集体经营性建设用地使用权出让［租赁、作价出资（入股）］合同（样本）》等资料后，提交联席会议审核；审核同意的，报镇人民政府（街道办事处）批复，镇（街道）交易中心给予办理出让、租赁、作价出资（入股）合同鉴证。

未经公开交易或协议方式未按规定审批的，不得签订农村集体经营性建设用地使用权出让、租赁、作价出资（入股）合同。

第四十二条 经认定的农村集体经营性建设用地产业载体项目用地出让必须进入区交易中心公开交易。

第四十三条　村（居）集体企业和公有资产占主导成分的公司、企业的农村集体经营性建设用地使用权转让，必须公开交易。

第四十四条　建立农村集体经营性建设用地信息管理制度，进行实时动态管理。

区国土部门负责建立全区统一的农村集体经营性建设用地信息管理系统，实现交易数据和信息的区、镇（街道）、村（居）三级资源共享。

区、镇（街道）交易中心应负责及时将农村集体经营性建设用地使用权的交易信息录入农村集体经营性建设用地信息管理系统，并做好统计汇总工作。

村（居）集体经济组织负责建立和完善农村集体经营性建设用地资产台账、交易台账及合同台账。

第四十五条　区、镇（街道）国土部门及交易中心等部门应积极培育农村集体经营性建设用地市场交易中介组织，为入市交易提供地价评估、交易代理等服务。

第六章 农村集体经营性建设用地入市调节金与税费征收使用

第四十六条　土地增值收益调节金（以下简称“调节金”），是指村（居）集体经济组织以土地所有者身份将农村集体经营性建设用地使用权在一定年限内出让给土地使用者，以及取得农村集体经营性建设用地使用权的土地使用者将其土地使用权转让时，应向政府缴纳的费用。

第四十七条　除调节金外，农村集体经营性建设用地入市主体还应按照《佛山市南海区农村集体经营性建设用地土地增值收益调节金与税费征收使用管理试行办法》规定缴纳相关税费。

第四十八条　调节金征收对象为农村集体经营性建设用地使用权的出让方、转让方。

农村集体经营性建设用地入市税费的征收对象为农村集体经营性建设用地使用权的出让方、出租方、承租方、作价出资（入股）方、转让方及受让方。

第四十九条　调节金由区财政部门征收，区财政、国土和城乡统筹部门根据各自职责做好调节金的管理和使用，并接受审计部门的监督检查。

第五十条　调节金上缴地方国库，纳入区一般公共财政预算。

第五十一条　调节金区、镇（街道）按照比例 1 ∶ 1 进行分配。调节金统筹安排用于农村基础设施建设支出，周转垫付农村集体经营性建设用地土地开发、土地整理资金，以及对农村经济困难群众的社保补贴和特困救助。

第五十二条　本办法颁布实施后，区财政部门须协同区国土部门、区税务机关共同制定调节金及其他税费的征收及使用办法，规范调节金及其他税费的征收、使用和监管，报区人民政府批准实施。

第七章 农村集体经营性建设用地整备

第五十三条　农村集体经营性建设用地整备是指为提升土地利用效益、促进产业转型升级，依据土地利用总体规划和城乡规划，经区人民政府批准设立的区集体土地整备中心通过收购、托管等方式，对产业落后、利用低效、零星分散的存量农村集体经营性建设用地进行整合、土地清理及前期开发，以备统一招商、统一入市的行为。

参照国有土地储备制度，经区人民政府批准设立区集体土地整备中心，行使农村集体经营性建设用地整备职能，具体负责土地整合清理、产业规划、前期开发、招商引资、土地入市和物业管理等工作。

第五十四条　下列情形的农村集体经营性建设用地可以纳入土地整备范围：

（一）现有土地用途、建筑物使用功能明显不符合社会经济发展要求、影响城乡规划实施的；

（二）为保证规划实施，促进产业发展，确保重大项目供地，需要提前进行成片土地整理的；

（三）用地零散、效率低下或不利于空间和功能优化的；

（四）村（居）集体经济组织自愿申请进行土地整备的。

第五十五条　区集体土地整备中心可采用收购、托管等方式将农村集体经营性建设用地纳入土地整备范围。

第五十六条　区集体土地整备中心以收购方式进行土地整备的，须与土地所有权人签订《农村集体经营性建设用地使用权收购协议书》，可在区不动产登记机构办理集体土地使用证。

区集体土地整备中心以托管方式进行土地整备的，整备土地入市后，按开发协议的约定分成出让（租赁）收入。

第五十七条　区集体土地整备中心以收购方式进行土地整备的，可以依法将整备土地使用权单独或连同地上建筑物及附着物抵押。

第八章 农村综合整治片区划定与管理

第五十八条　农村综合整治片区是指根据南海区旧村（居）改造、村级工业园改造提升和产业社区建设等需要，对土地利用效率低下的连片农村集体建设用地实施综合整治的区域。

第五十九条　按照政府主导、尊重民意、多方参与的原则，依据“多规合一”进行土地整治，对综合整治片区范围内各类土地统一进行复垦、基础设施配套，重新划分宗地和确定产权归属。

第六十条　片区范围内土地经综合整治，在优先保障村（居）民住房安置和基础设施配套等用地后，属于经营性用途的农村集体建设用地，可入市或由村（居）集体经济组织自行开发。

第六十一条　农村综合整治片区由镇人民政府（街道办事处）负责划定，经区国土部门审核并标图建库，报区人民政府备案。

第六十二条　农村综合整治片区划定后，区（镇）属公司、村（居）集体经济组织及其他市场主体均可作为实施主体，参与片区综合整治。

第六十三条　片区综合整治方案由实施主体负责编制，须包括宗地划分、规划调整、土地权属调整、拆迁安置补偿、土地复垦实施、基础设施配套建设、土地开发建设等具体实施计划及措施。

第六十四条　片区综合整治方案经镇人民政府（街道办事处）初审后，报区国土部门审核。区国土部门在征求区规划、住建、经贸、发改、环保、城乡统筹等部门意见后，报区人民政府批准实施。

第九章 农村集体经营性建设用地入市监管

第六十五条　加强农村集体经营性建设用地入市交易、开发及利用监管，逐步建立南海区农村集体经营性建设用地入市后动态监管体系，提升农村集体经营性建设用地节约集约利用水平。

第六十六条　农村集体经营性建设用地使用权未按本办法规定通过公共资源交易中心交易（鉴证）的，区不动产登记机构不予办理土地登记，规划、住建部门不予办理规划报建、施工报建手续。

第六十七条　交易申请受理机构在审核交易（鉴证）材料时，发现农用地以建设用地名义申请交易（鉴证）或农用地与建设用地捆绑交易（鉴证）的，不予受理交易申请，并通报国土部门。

第六十八条　农村集体经营性建设用地入市的，村（居）集体经济组织所得地价款（租金）的收缴及使用必须纳入财务监管平台监管。镇（街道）城乡统筹机构负责监管地价款（租金）的收缴和使用，发现村集体或个人违规收缴或使用地价款（租金）的，应移交镇（街道）纪检监察机构处理。

第六十九条　农村集体经营性建设用地以出让、租赁、作价出资（入股）方式入市，入市双方除签订合同外，应与镇人民政府（街道办事处）签订土地开发协议，约定开、竣工时间、转让（出租）条件、闲置土地处置及违约责任。

第七十条　农村集体经营性建设用地入市涉及产业载体项目开发的，入市双方除签订出让合同外，还应与区国土部门签订土地开发协议，约定开、竣工时间、分割转让条件、闲置土地处置及违约责任。

第七十一条　土地使用者应严格按照出让、租赁、作价出资（入股）合同及土地开发协议约定时限开工、竣工，并向镇（街道）国土部门报备。

第七十二条　农村集体经营性建设用地入市后，非因政府及其有关部门的行为或不可抗力（自然灾害等）导致土地闲置的，应由土地使用者根据合同及土地开发协议，承担土地闲置责任。

第七十三条　单位和个人通过出让、转让、租赁、作价出资（入股）等方式取得的农村集体经营性建设用地用于商品房地产开发或住宅建设的，由区住建、国土、规划等部门依照相关规定进行查处。

第七十四条　建立农村集体经营性建设用地开发利用诚信考核机制，由区国土部门联合镇人民政府（街道办事处）通过“农村集体经营性建设用地信息管理系统”，综合评价村（居）集体经济组织与土地使用者的履约情况，对违规违约严重的进行通报公示。

第七十五条　本办法实施之日起，区国土部门应严格监管农村集体经营性建设用地入市行为，与区发改、财政、住建、税务、规划、环保、监察、人民银行、银监等有关部门及镇人民政府（街道办事处），形成多方联动，各负其责，加强对违法违规违约用地行为的综合防控。

第七十六条　区、镇两级纪检监察机构要加强对农村集体经营性建设用地入市的监督检查，发现政府或村集体相关工作人员有违法违纪行为的，应及时查处；构成犯罪的，移交司法机关处理。

第十章 附则

第七十七条　本办法中有关“村（居）集体经济组织表决”的程序及方式须符合南海区有关农村集体资产管理的现行规定。

第七十八条　入市管理办公室的具体机构设置、人员组成及职权等由区人民政府另行发文确定。

第七十九条　对因历史原因登记在农村集体组织名下的集体经营性建设用地所有权人与使用权人不一致的，应根据相关管理办法进行更名登记予以理顺。具体管理办法另行制定。

第八十条　村（居）集体经济组织有关人员违反本办法进行农村集体经营性建设用地入市的，按《佛山市南海区农村集体资产管理交易办法》等有关规定处理。

第八十一条　入市双方发生争议的，由双方协商处理，协商不成的，向宗地所在地法院提起诉讼。

有条件的镇人民政府（街道办事处）可以由国土、城乡统筹、司法等机构及政府法律顾问共同组成农村集体经营性建设用地调处小组，专门调处入市双方发生的争议。

第八十二条　区国土、规划、住建（房产管理）、税务等部门应根据本办法制定农村集体经营性建设用地产权登记、抵押、整备、土地增值收益调节金、税收、物业管理、报建、开发、房产销售等配套政策，完善现有的南海区农村集体经营性建设用地交易管理办法、集体资产管理规范性文件。各部门在配套政策出台之前，可参照国有建设用地相关规定进行操作。

第八十三条　各镇（街道）应参照本办法制定或重新修订本镇（街道）的农村集体经营性建设用地入市办法及其实施细则。文件出台后应及时报区国土部门及区交易中心备案。

第八十四条　本办法从印发之日起实施，有效期至 2017 年 12 月 31 日。相关法律、法规依据变化或有效期内实施情势变化时，可依法评估修订。此前实施的《关于印发〈佛山市南海区集体建设用地使用权流转实施办法〉的通知》（南府〔2014〕72 号）不再执行，我区其他规范性文件与本办法不一致的，以本办法为准。

第八十五条　本办法由佛山市南海区国土城建和水务局（国土）负责解释。

附录 3 佛山市南海区农村集体经营性建设用地改变土地用途流程

以出让、租赁、作价出资（入股）方式入市的农村集体经营性建设用地拟改变土地用途的，按以下程序进行：

（一）土地使用者和村（居）集体经济组织共同向区规划部门书面征求意见。

（二）区规划部门书面答复可改变的，由土地使用者与村（居）集体经济组织协商后共同制定方案（包括收回方案或不收回方案）；农村集体经营性建设用地设有抵押权的，制定方案时，应书面通知抵押权人。方案制定后，由村（居）集体经济组织进行表决。

1. 收回重新入市方案，应包括土地用途改变内容、地上建筑物的补偿、重新入市的年限、重新入市的合同条款要求等。

2. 不收回方案，应包括土地用途改变内容、是否需补缴地价款（租金）以及具体补缴金额及方式等。

经表决不收回且需补缴地价款（租金）的，具体补缴金额可参考土地用途及容积率变更前后基准地价的差额或有资质的评估机构出具的评估报告确定。

（三）收回重新入市的，在双方解除出让、租赁、作价出资（入股）合同、办理土地变更登记后，村（居）集体经济组织向规划部门申请办理新的规划条件，之后申请重新出让、租赁、作价出资（入股）。

（四）不收回的，由双方共同向规划部门申请办理新的规划条件，签订《农村集体经营性建设用地使用权出让［租赁、作价出资（入股）］补充合同》，并将《补充合同》提交镇（街道）交易中心鉴证，在缴纳土地增值收益调节金及相关税费后，办理土地变更登记。

附录 4 佛山市南海区农村集体经营性建设用地使用权出让、租赁公开交易流程

一、准备阶段

（一）职能部门出具意见

村（居）集体经济组织向相关职能部门申请出具拟出让（租赁）宗地有关意见：

1．镇（街道）国土部门出具《农村集体经营性建设用地使用权出让（租赁）调查意见表》或在《农村集体资产交易意向立项申请表》上加具意见，内容包括：土地权属状况、抵押查封状况、现行土地利用总体规划的用途等；

2．城乡规划部门出具拟出让（租赁）宗地的规划条件；

3．产业规划部门出具拟出让（租赁）宗地的产业规划意见；

4．镇（街道）房管部门出具房产权属调查证明；

5．镇（街道）环保部门出具环保意见。

（二）拟订方案和合同样本

村（居）集体经济组织根据各职能部门出具的意见，拟订宗地出让（租赁）方案和出让（租赁）合同样本。

（三）党组织审查

村（居）集体经济组织将出让（租赁）方案和出让（租赁）合同样本提交村（居）党组织审查。

（四）民主表决

村（居）集体经济组织对经村（居）党组织审查通过的出让（租赁）方案和出让（租赁）合同样本进行表决，根据表决结果形成《农村集体经营性建设用地使用权出让（租赁）表决书》《农村集体经营性建设用地使用权出让（租赁）方案》《农村集体经营性建设用地使用权出让（租赁）合同（样本）》，并提交

村（居）党组织审定确认备案。

二、申请交易阶段

村（居）集体经济组织持以下资料向镇（街道）农村集体资产管理部门提出农村集体经营性建设用地使用权出让（租赁）交易申请：

1.《农村集体资产交易意向立项申请表》；

2.《农村集体经营性建设用地使用权出让（租赁）表决书》《农村集体经营性建设用地使用权出让（租赁）方案》《农村集体经营性建设用地使用权出让（租赁）合同（样本）》；

3. 镇（街道）国土部门出具的《农村集体经营性建设用地使用权出让（租赁）调查意见表》（未在《农村集体资产交易意向立项申请表》上加具意见的）；

4. 集体土地所有证、集体土地使用证；

5. 城乡规划部门出具的规划条件；

6. 产业规划部门出具的产业规划意见；

7. 房管部门出具的房产权属调查证明；

8. 环保部门出具的环保意见；

9. 出让（出租）方的集体经济组织证明书和组织机构代码证等身份证明；

10. 拟出让（租赁）宗地的宗地图；

11. 拟出让（租赁）宗地的地理位置示意图；

12. 按照法律、法规规定需要提交的其他资料。

三、立项审批及交易阶段

（一）联席会议审批

镇（街道）农村集体资产管理部门对村（居）集体经济组织提交的资料进行初步审核后，提请镇（街道）集体资产交易立项审批联席会议（以下简称“联席会议”）进行审批；联席会议从规划、用地、产业准入、环保、集体表决等方面进行严格审核。

（二）公开交易

经联席会议审批通过的交易项目，按规定须进入区交易中心的，由镇（街道）农村集体资产管理部门将审核后的资料送区国土部门，区国土部门审批通过后，由区交易中心按《佛山市南海区农村集体资产管理交易办法》涉及农村集体资产的区级交易规定进行公开交易。

除按规定须进入区交易中心以外的其他项目，由镇（街道）交易中心按《佛山市南海区农村集体资产管理交易办法》涉及农村集体资产的镇（街道）级交易规定进行公开交易。

（三）交易完成

公开交易成功的，分别由区、镇（街道）交易中心与竞得人签订《成交确认书》，村（居）集体经济组织与竞得人签订《农村集体经营性建设用地使用权出让（租赁）合同》。交易不成功的，本次交易委托自行终止。

交易结果分别由区、镇（街道）交易中心在相关网站上公示，村（居）集体经济组织同时将交易结果在本村（居）务公开栏上公示。

附录 5 佛山市南海区农村集体经营性建设用地使用权转让公开交易流程

村（居）集体企业和公有资产占主导成分的公司、企业的农村集体经营性建设用地使用权转让，必须进入区或镇（街道）交易中心进行公开交易。其中，村（居）集体企业须公开转让的，参照附件二所附流程执行；公有资产占主导成分的公司、企业（以下简称“转让方”）须公开转让的，流程如下：

一、准备阶段

（一）职能部门出具意见

由转让方向相关职能部门申请出具拟转让宗地有关意见：

1．镇（街道）国土部门出具《农村集体经营性建设用地使用权转让调查意见表》或在《农村集体资产交易意向立项申请表》上加具意见，内容包括：土地权属状况、抵押查封状况、现行土地利用总体规划的用途等；

2．城乡规划部门出具拟转让宗地的规划条件；

3．产业规划部门出具拟转让宗地的产业规划意见；

4．镇（街道）房管部门出具房产权属调查证明；

5．镇（街道）环保部门出具环保意见。

（二）拟订方案和合同样本

转让方根据各职能部门出具的意见，拟订宗地转让方案和转让合同样本。

（三）上级主管部门批准

由转让方的上级主管部门对转让方拟订的转让方案和转让合同样本进行审批。

二、申请交易阶段

转让方持以下资料向镇（街道）农村集体资产管理部门提出农村集体经营性建设用地使用权公开转让交易申请：

1.《农村集体资产交易意向立项申请表》；

2.《农村集体经营性建设用地使用权转让审批意见》《农村集体经营性建设用地使用权转让方案》《农村集体经营性建设用地使用权转让合同（样本）》；

3. 镇（街道）国土部门出具的《农村集体经营性建设用地使用权转让调查意见表》（未在《农村集体资产交易意向立项申请表》上加具意见的）；

4. 集体土地使用证；

5. 城乡规划部门出具的规划条件；

6. 产业规划部门出具的产业规划意见；

7. 房管部门出具的房产权属调查证明；

8. 环保部门出具的环保意见；

9. 转让方的身份证明；

10. 拟转让宗地的宗地图；

11. 拟转让宗地的地理位置示意图；

12. 按照法律、法规规定需要提交的其他资料。

三、立项审批及交易阶段

（一）联席会议审批

镇（街道）农村集体资产管理部门对转让方提交的资料进行初步审核。转让的农村集体经营性建设用地拟改变土地用途的，提请镇（街道）集体资产交易立项审批联席会议（以下简称“联席会议”）进行审批；联席会议从规划、用地、产业准入、环保等方面进行严格审核。

（二）公开交易

经审核通过的交易项目，按规定须进入区交易中心的，由镇（街道）农村集体资产管理部门将审核后的资料送区国土部门，区国土部门审批通过后，由区交易中心按《佛山市南海区农村集体资产管理交易办法》涉及农村集体资产的区级交易规定进行公开交易。

除按规定须进入区交易中心以外的其他项目，由镇（街道）交易中心按《佛山市南海区农村集体资产管理交易办法》涉及农村集体资产的镇（街道）级交易规定进行公开交易。

（三）交易完成

公开交易成功的，分别由区、镇（街道）交易中心与竞得人签订《成交确认书》，转让方与竞得人签订《农村集体经营性建设用地使用权转让合同》。交易不成功的，本次交易委托自行终止。

交易结果分别由区、镇（街道）交易中心在相关网站上公示。

附录6 佛山市南海区农村集体经营性建设用地整备管理试行办法

第一章 总则

第一条　为推进新型城镇化建设，促进产业转型升级，提高土地节约集约利用水平，根据《佛山市南海区人民政府关于印发佛山市南海区农村集体经营性建设用地入市管理试行办法的通知》（南府〔2015〕50号）的相关规定，结合我区实际，制定本办法。

第二条　农村集体经营性建设用地整备是指依据土地利用总体规划和城乡规划，区、镇两级集体土地整备中心通过托管方式，对存量农村集体经营性建设用地进行整合和土地前期整理开发，统一招商、统一入市的行为。

农村集体经营性建设用地托管是指村（居）集体经济组织为提高土地利用效益，在不改变集体土地所有权的前提下，将一定期限内的土地使用权委托给集体土地整备中心，由集体土地整备中心代表村（居）集体经济组织对土地使用权进行处置、对土地开发行为进行监督，并与村（居）集体经济组织分享土地收益的行为。

第三条　农村集体经营性建设用地整备工作由集体土地整备中心牵头负责，其具体机构设置、人员组成及职权等由区人民政府另行发文确定。

第四条　符合入市条件的农村集体经营性建设用地，经村（居）集体经济组织自愿申请可纳入农村集体经营性建设用地整备范围。

已入市的农村集体经营性建设用地，村（居）集体经济组织申请纳入整备范围的，应当先将土地使用权收回，并妥善解决相关争议或问题。

第二章 整备程序

第五条　村（居）集体经济组织与集体土地整备中心共同编制农村集体经营性建设用地托管方案。托管方案包括宗地基本信息、托管对象、托管期限、收益分配等内容。

第六条　托管方案经村（居）集体经济组织民主决策议事程序表决同意后，由集体土地整备中心填写《农村集体经营性建设用地整备申请表》，向镇人民政府（街道办事处）书面申请整备。

第七条　托管方案经镇人民政府（街道办事处）初审通过后，报区集体土地整备中心复审。复审通过后，由区集体土地整备中心报区人民政府批准。

第八条　集体土地整备中心根据区人民政府的批复，与村（居）集体经济组织签订《农村集体经营性建设用地使用权托管协议》（以下简称《托管协议》）。《托管协议》签订后，除双方约定或经司法判决解除的情形外，该托管协议不得单方解除。

《托管协议》包括宗地位置、面积、村（居）集体经济组织交付土地的期限和方式、托管对象、托管期限、收益分成、相关权利和义务等其他事项及违约责任。托管期限包含土地前期整理开发期限和土地使用权入市年限两部分，由托管双方协商后确定。其中，土地使用权入市年限不得超过同类用途国有土地使用权出让的最高年限。

第九条　《托管协议》签订后，村（居）集体经济组织按规定将享有集体建设用地使用权的不动产权属证书和享有房屋所有权的不动产权属证书（地上有建筑物的）移交给集体土地整备中心。

集体土地整备中心凭区人民政府的批复、《托管协议》、土地所有权人出具的授权委托书等相关材料按照现行不动产注销登记政策办理土地使用权和房屋所有权注销登记，并由区国土部门出具整备批文。

第十条　集体土地整备中心经区人民政府批准同意后，可委托区、镇两级政府属下的全资公有企业或通过政府采购进行土地前期整理开发。土地前期整理开发包括土地平整和市政基础设施建设。

委托公有企业的，集体土地整备中心应与受委托的公有企业签订土地前期整理开发委托合同，就委托事项和项目金额等作出具体约定。政府采购的，集体土地整备中心应与政府采购的供应商签订政府采购合同，就采购事项和项目金额等作出具体约定。集体土地整备中心根据委托合同或采购合同的约定，在土地前期整理开发分阶段完成或全部完成后，向受委托的公有企业或政府采购的供应商支付项目资金。

第十一条　整备后的农村集体经营性建设用地，原则上以公开交易的方式入市，特殊情况下需以协议方式入市的，参照《佛山市南海区农村集体经营性建设用地入市管理试行办法》由镇（街道）联席会议审核后，报镇人民政府（街道办事处）批准执行。交易成功后由集体土地整备中心与土地使用者签订交易合同，并缴纳土地增值收益调节金和相关税费。

第三章 整备管理

第十二条　集体土地整备中心应根据土地利用总体规划、城市总体规划、土地利用管理情况和土地市场供需状况，编制年度农村集体经营性建设用地整备计划，报同级人民政府批准实施。

未纳入年度整备计划但需要进行整备的，集体土地整备中心应拟定专项整备计划报同级人民政府批准实施。

第十三条　集体土地整备中心应根据批准的年度农村集体经营性建设用地整备计划，向财政部门申报纳入财政年度预算安排。预算资金的使用与管理，接受财政、审计部门的监督。

未列入年度农村集体经营性建设用地整备计划但确需整备的，所需资金由集体土地整备中心提出申请，报同级人民政府申请批准后，由财政部门按相关规定办理。

第十四条　集体土地整备中心应按照《托管协议》的约定向村（居）集体经济组织支付入市收益。双方应在签订《托管协议》时约定通过一次性支付、托管期间分期支付、土地入市后收益分成等方式进行收益分配。

第十五条　农村集体经营性建设用地整备后入市的，交易双方应持交易合同、整备批文和土地出让价款（租金）支付凭证、土地增值收益调节金、税费缴纳凭证等材料，向区不动产登记机构申请办理土地登记，领取享有集体建设用地使用权的不动产权属证书。

第十六条　经整备的农村集体经营性建设用地入市后，土地使用者除与集体土地整备中心签订合同外，属于非产业载体项目开发的，还应与镇人民政府（街道办事处）或其授权的相关部门签订土地开发协议；属于产业载体项目开发的，还应与区国土部门签订土地开发协议。

第十七条　土地使用者应按照交易合同及土地开发协议，于开竣工时间前 30 日，向镇（街道）国土所报备，并抄送宗地所在村（居）委会。各村（居）委会应根据报备信息，定期核查建设项目现场，发现违规的，及时上报相关监管单位。

第十八条　托管期限届满或《托管协议》解除终止后，村（居）集体经济组织凭区人民政府的批复、整备批文、《托管协议》、签订的解除文件等材料，向区不动产登记机构申请办理土地使用权注销登记，并重新办理享有集体建设用地使用权的不动产权属证书。

第四章 附则

第十九条　本办法中有关“村（居）集体经济组织表决”的程序及方式须符合南海区有关农村集体资产管理的现行规定。

第二十条　在农村集体经营性建设用地整备过程中，土地所有权人未经集体土地整备中心同意不得擅自出让、租赁、抵押整备土地使用权以及地上建筑物、构筑物、附着物。

第二十一条　农村集体经营性建设用地使用权作为抵押物，在抵押权实现时，连续两次公开交易不成功的，可由集体土地整备中心收购或托管后依法处置。

第二十二条　集体土地整备中心未按规定支付土地所有权人整备土地收益的，土地所有权人有权解除《托管协议》，并依《托管协议》请求赔偿。

第二十三条　整备过程中违反相关规定的，依法依规追究有关负责人和直接责任人的责任。构成犯罪的，移送司法机关处理。

第二十四条　本办法由佛山市南海区国土城建和水务局（国土）负责解释，从印发之日起实施，执行至 2017 年 12 月 31 日。相关法律、法规依据变化或有效期内实施情势变化时，可依法评估修订。

附录 7 佛山市南海区农村集体经营性建设用地入市公开交易规则

第一章 总则

第一条　为规范我区农村集体经营性建设用地入市公开交易行为，确保交易的公开、公平、公正，根据《佛山市南海区人民政府关于印发佛山市南海区农村集体经营性建设用地入市管理试行办法的通知》(南府〔2015〕50 号)、《佛山市南海区人民政府关于印发佛山市南海区农村集体资产管理交易办法的通知》(南府〔2016〕12 号) 等法律、法规、规章及文件的规定，结合我区实际，制定本规则。

第二条　佛山市南海区范围内的农村集体经营性建设用地入市公开交易，适用本规则。

本规则所称入市公开交易，是指将农村集体经营性建设用地一定年限的使用权（以下简称“标的”）通过拍卖、挂牌（含网上挂牌）、现场竞价和招标的方式公开出让、转让、出租给土地使用者的行为。

第三条　镇（街道）农村集体资产管理部门是农村集体经营性建设用地入市公开交易立项申请和交易申请的受理部门。

镇（街道）农村集体资产交易立项审核联席会议是农村集体经营性建设用地入市公开交易立项申请审核的最高决策机构，联席会议办公室（镇〈街道〉农村集体资产管理交易审核小组）是农村集体经营性建设用地入市公开交易立项审核机构。

镇（街道）国土部门是农村集体经营性建设用地入市公开交易镇级交易申请的审批部门，区国土部门是农村集体经营性建设用地入市公开交易区级交易申请的审批部门。

区、镇（街道）公共资源交易中心（以下简称“交易中心”）是农村集体经营性建设用地入市公开交易的组织实施部门。

第四条　本规则所称农村集体经营性建设用地使用权拍卖，是指区、镇（街道）交易中心发布拍卖公告，由竞买人在指定时间、地点进行公开竞价，根据出价结果确定土地使用者的行为。

本规则所称农村集体经营性建设用地使用权挂牌，是指区、镇（街道）交易中心发布挂牌公告，按公告规定的期限将标的的交易条件在指定的交易场所挂牌公布，接受竞买人的报价申请并更新挂牌价格，根据挂牌期限截止时的出价结果或现场竞价结果确定土地使用者的行为。

本规则所称农村集体经营性建设用地使用权网上挂牌，是指区、镇（街道）交易中心在互联网上发布挂牌交易公告，竞买人通过佛山市国有建设用地使用权和矿业权网上交易系统（以下简称“网上交易系统”）参与网上挂牌交易的行为。

本规则所称农村集体经营性建设用地使用权现场竞价，是指区、镇（街道）交易中心发布竞价公告，由竞买人在指定时间、地点进行公开竞价，根据出价结果确定土地使用者的行为。

本规则所称农村集体经营性建设用地使用权招标，是指区、镇（街道）交易中心发布招标公告，邀请不特定的自然人、法人和其他组织参加投标，根据投标结果确定土地使用者的行为。

第五条　土地使用者抵押以出让、作价出资（入股）、转让方式取得的农村集体经营性建设用地使用权的，经抵押权人与抵押人协商以公开交易方式转让或由人民法院裁定拍卖抵押物，可以由抵押权人委托区、镇（街道）交易中心进行公开交易。

村（居）集体经济组织抵押自有、经批准拨用取得的农村集体经营性建设用地使用权的，抵押物须按照本规则进行交易申请后，才能委托区、镇（街道）交易中心进行公开交易。

第六条　中华人民共和国境内外的自然人、法人和其他组织，除法律法规另有规定外，均可依法单独或联合参加南海区农村集体经营性建设用地入市公开交易活动。

第七条　农村集体经营性建设用地入市公开交易活动应由主持人主持，交易时农村集体经营性建设用地所有权人或使用权人（以下简称“交易申请方”）应派代表到场见证监督。区级交易的项目，区国土部门应派员到场见证监督。

第八条　农村集体经营性建设用地入市公开交易活动，以价高者得的原则确定竞得人（中标人）。交易不成功的，该交易自行终止。

第二章 公开交易立项和申请

第九条　交易申请方向相关职能部门申请出具拟交易宗地有关意见：

（一）镇（街道）国土部门出具《农村集体经营性建设用地使用权交易调查意见表》；

（二）城乡规划部门出具拟交易宗地的规划条件（拟交易宗地为净地或需拆除重建的）或规划意见（拟交易宗地为已有建筑物，且不进行新增建设的）；

（三）产业规划部门出具拟交易宗地的产业规划意见；

（四）镇（街道）房管部门出具房产权属调查证明；

（五）镇（街道）环保部门出具环保意见。

第十条　交易申请方须持以下材料向镇（街道）农村集体资产管理部门申请交易立项：

（一）农村集体经营性建设用地公开交易立项申请表；

（二）享有集体土地所有权、集体建设用地使用权的不动产权属证书；

（三）农村集体经营性建设用地使用权交易方案（草案）、农村集体经营性建设用地使用权出让（租赁、转让、出租）合同；

（四）镇（街道）国土部门出具的《农村集体经营性建设用地使用权交易调查意见表》；

（五）城乡规划部门出具的规划条件或规划意见；

（六）产业规划部门出具的产业规划意见；

（七）房管部门出具的房产权属调查证明；

（八）环保部门出具的环保意见；

（九）出让（租赁、转让、出租）方的集体经济组织证明书和组织机构代码证等身份证明；

（十）拟出让（租赁、转让、出租）宗地的宗地图；

（十一）拟出让（租赁、转让、出租）宗地的地理位置示意图；

（十二）按照法律、法规规定需要提交的其他材料。

第十一条　镇（街道）农村集体资产管理部门根据标的情况，以及各职能部门出具的意见，交镇（街道）集体资产交易立项审核联席会议审核。

第十二条　立项审核通过的标的，由交易申请方依照分级议事制度召开社员（股东）代表会议或社员（股东）大会对公开交易方案和公开交易合同进行表决，形成决议结果书面材料（包括《农村集体经营性建设用地公开交易表决书》等）并公示5个工作日。

第十三条　交易申请方须持以下材料，以及交易申请方已签字盖章的交易委托书向镇（街道）农村集体资产管理部门申请公开交易：

（一）农村集体经营性建设用地公开交易申请审批表；

（二）立项审核材料；

（三）民主决议材料；

（四）交易方案；

（五）交易合同；

（六）需要提交的其他材料。

第十四条　申请进入镇级交易的，镇（街道）农村集体资产管理部门在收到交易申请3个工作日内完成对镇级交易申请材料的完备性进行审查。对符合要求的申请，镇（街道）农村集体资产管理部门提交镇（街道）国土部门审批。镇（街道）国土部门应在5个工作日内作出是否进入镇级交易的批复。进入镇级交易的，镇（街道）国土部门将交易申请方提交的申请材料、审批意见和交易委托书转到镇（街道）交易中心组织交易。

第十五条　申请进入区级交易的，镇（街道）农村集体资产管理部门应在收到交易申请3个工作日内完成对区级交易申请材料的完备性审查。对符合要求的申请，镇（街道）农村集体资产管理部门提交镇（街道）国土部门进行初步审核。镇（街道）国土部门在5个工作日内完成初审并提交区国土部门审批。

区国土部门应在5个工作日内作出是否进入区级交易的批复。进入区级交易的，区国土部门将交易申请方提交的申请材料、审批意见和交易委托书转到区交易中心组织交易。

第十六条　区、镇（街道）交易中心收到交易材料和交易委托书后，受托组织公开交易，并与交易申请方协商议定竞价（招标）交易信息公告发布日期。

第十七条　交易申请方应保证提供的一切文件资料真实、合法、有效、齐全，如实披露标的的现状、瑕疵，并不得设定影响公平、公正竞争的限制条件。

第十八条　区、镇（街道）交易中心应在受理交易委托后10个工作日内，根据交易申请事项及相关法律法规，编制交易文件。交易文件经交易申请方确认后对外发布。

交易文件须涵盖以下内容：

（一）出让（租赁、转让、出租）公告；

（二）竞买（投标）须知；

（三）交易方案；

（四）竞买（投标）申请书；

（五）竞买（投标）声明；

（六）授权委托书；

（七）成交确认书／中标通知书；

（八）农村集体经营性建设用地使用权出让（租赁、转让、出租）合同；

（九）用地红线图；

（十）规划条件及附图；

（十一）地块位置示意图。

第三章　交易公告发布

第十九条　公开交易申请通过的，区、镇（街道）交易中心须在“佛山市农村党风廉政信息公开网、镇（街道）政务信息网、佛山市南海区公有资产流转服务有限公司网站和南海区公共资源交易网”发布交易公告；属区级交易的，区交易中心还须在区国土部门网站发布，并在报纸上有偿发布。报纸的版面、规格参照国有建设用地公开交易的要求执行。

交易申请方须在标的物现场，所在村（居）、社务公开栏上同步公布交易信息。

第二十条　招标、拍卖、现场竞价公告应在招标、拍卖、现场竞价会前30日发布。挂牌（含网上挂牌）公告应在挂牌开始日前20日发布，挂牌时间不得少于10日。

第二十一条　交易申请方应在公告期间，根据意向竞买（投标）人需要，提供现场踏勘宗地的便利。应避免意向竞买（投标）人集中现场踏勘宗地。

第二十二条　交易公告期间，公告内容发生变化的，区、镇（街道）交易中心应按原公告发布渠道及时发布补充公告。发布补充公告的，区、镇（街道）交易中心应书面通知已报名的申请人。

涉及影响标的价格的重大变动，补充公告发布时间距竞买申请或投标截止时间少于20日的，交易活动相应顺延。

第四章 竞买（投标）申请

第二十三条　申请参加农村集体经营性建设用地使用权拍卖、挂牌（含网上挂牌）、现场竞价的自然人、法人、其他组织，简称为竞买申请人。

申请参加农村集体经营性建设用地使用权投标的自然人、法人、其他组织，简称为投标申请人。

第二十四条　竞买（投标）申请人［以下简称“竞买（投标）人”］应自行了解标的现状，详细阅读交易文件，一经参与竞买（投标），即表示对标的的现状及交易文件无异议并全部接受。

第二十五条　竞买（投标）人须按规定向指定账号一次性足额交纳竞买（投标）保证金，不得由他人代交，不接纳现金方式存入。境外竞买（投标）人交纳保证金的操作方式参照国有建设用地公开交易的方式执行。联合竞买（投标）的，由其中一位竞买（投标）人向指定账号一次性足额交纳保证金。

第二十六条　每笔保证金只对应一个标的的竞买（投标），如需竞买（投标）多个标的，则须分别按要求交纳相应的保证金。

第二十七条　保证金交纳截止时间为拍卖、现场竞价开始时间的前1天或投标、挂牌（含网上挂牌）截止时间的前2天，保证金交纳时间以银行到账时间为准。

第二十八条　竞买（投标）人申请参与竞买（投标）须提交以下文件：

（一）竞买（投标）申请书；

（二）竞买（投标）人的有效身份证明文件；

（三）竞买（投标）保证金交纳凭证；

（四）竞买（投标）人委托他人办理的，应提交授权委托书及委托代理人的有效身份证明文件。若竞买（投标）人为自然人的，授权委托书经公证部门公证或本人及被委托人亲自到区、镇（街道）交易中心办理现场委托手续；

（五）竞买（投标）人为联合体的，应提交联合竞买（投标）协议书，明确联合体各方的责任；

（六）交易文件规定需要提交的其他文件。

第二十九条　有下列情形之一的，视为无效申请：

（一）竞买（投标）人不具备资格的；

（二）未按时提交申请的；

（三）未按规定交纳保证金的；

（四）委托他人代理但委托文件不齐全或不符合规定的；

（五）未按规定提供有关文件材料，或提供虚假文件材料的；

（六）法律法规规定的其他情形。

第三十条　经审核符合条件的竞买（投标）人，可参与竞买（投标）。

第五章 拍卖规则

第三十一条　主持人应在拍卖开始前宣读拍卖规则及注意事项，清点竞买人数，竞买人少于2人的，主持人应终止该标的的交易。将流标情况记录存档，并让当场的竞买人签字确认。

第三十二条　拍卖按增价方式进行，主持人应宣布起始价及增价幅度。经村（居）集体经济组织表决通过的增加幅度，不得在现场随意调整。

第三十三条　竞买人可举牌应价或报价，但每次加价应不低于一个增价幅度。竞买人一经举牌应价或报价，不可撤回。

第三十四条　竞买人不低于底价（起竞价）的最高应价或报价，经主持人确认，三次报出后，再无其他竞买人加价时，主持人以落槌或者以其他公开表示买定的方式确定成交，该竞买人为竞得人。竞买人的最高应价或报价低于底价（起竞价）的，无竞买人应价或报价的，标的不成交。

第六章 挂牌规则

第三十五条　竞买人应书面填写报价单报价，有下列情形之一的，为无效报价：

（一）报价单未在挂牌期限内收到的；

（二）不按规定填写报价单的；

（三）报价单填写人与竞买申请文件不符的；

（四）报价不符合报价规则的；

（五）报价不符合挂牌文件规定的其他情形。

第三十六条　主持人确认竞买人的报价后，更新显示挂牌价格，继续接受新的报价。有两个或两个以上竞买人报价相同的，先提交报价单者为该挂牌价格的出价人。

第三十七条　挂牌截止应当由主持人主持确定。在公告规定的挂牌截止时间，竞买人应当出席挂牌现场，主持人宣布最高报价及其报价者，并询问竞买人是否愿意继续竞价。

（一）主持人连续三次报出最高挂牌价格，没有竞买人表示愿意继续竞价的，主持人宣布挂牌活动结束，并按下列规定确定挂牌结果：

1. 最高挂牌价格不低于底价的，主持人宣布挂牌成交，最高挂牌价格的出价人为竞得人；

2．最高挂牌价格低于底价的，主持人宣布挂牌不成交。

（二）有竞买人表示愿意继续竞价的，主持人应当宣布挂牌转入现场竞价，通过现场竞价确定竞得人。

1．取得该标的挂牌竞买资格的竞买人均可参加现场竞价；

2．现场竞价的起始价为挂牌活动截止时的最高报价增加一个增价幅度后的价格；

3．在现场竞价中无人应价或出价的，以挂牌截止时出价最高者为竞得人，但低于挂牌底价者除外。

第七章 现场竞价规则

第三十八条　主持人应在竞价开始前宣读竞价规则及注意事项，清点竞买人数。

第三十九条　竞价按增价方式进行，主持人应宣布起始价及增价幅度。经村（居）集体经济组织表决通过的增加幅度，不得在现场随意调整

第四十条　竞买人可举牌应价或报价，但每次加价应不低于一个增价幅度。竞买人一经举牌应价或报价，不可撤回。

第四十一条　竞买人不低于底价的最高应价或报价，经主持人确认，三次报出后，再无其他竞买人加价时，主持人以落槌或者以其他公开表示买定的方式确定成交，该竞买人为竞得人。竞买人的最高应价或报价低于底价的，无人提交竞买申请的或无竞买人报价的，标的不成交。

第八章 招标规则

第四十二条　投标人应在投标截止时间之前将投标文件密封投入标箱。投标人投标后，不可撤回投标文件，并对投标文件和有关书面承诺承担责任。

第四十三条　区、镇（街道）交易中心按照招标公告规定的时间、地点开标。主持人邀请投标人或其推选的代表检查标箱的密封情况，当众开启标箱。

第四十四条　投标人少于3人的，主持人应当终止招标活动。投标人不少于3人的，应当逐一宣布投标人名称、投标价格和投标文件的主要内容。

第四十五条　开标过程中，如有下列情形之一者，则为无效投标文件：

（一）投标文件未密封的；

（二）投标文件未加盖投标人印鉴，也未经法定代表人签署的；

（三）投标文件不齐备、内容不全或不符合规定的；

（四）投标人对同一个标的有两个或两个以上报价的；

（五）委托投标但委托文件不齐全或不符合规定的；

（六）投标文件无效的其他情形。

第四十六条　主持人根据开标结果，宣布报价最高且不低于底价者为中标人。有两个或两个以上投标人的报价相同且同为最高报价的，可在限定时间内再行报价和现场竞价，或者通过摇珠、抽签方式确定中标人。投标人的报价均低于底价的，标的不成交。

第九章 成交确认

第四十七条　经公开交易程序，确定竞得人（中标人）后，区、镇（街道）交易中心应与竞得人签订成交确认书或者向中标人发出中标通知书。成交确认书、中标通知书应当包括签订双方名称、交易标的、成交时间、地点、价款以及签订交易合同的时间、地点和内容。

第四十八条　交易会结束后，未竞得人（未中标人）交纳的保证金，区、镇（街道）交易中心应在5个工作日内不计利息原路退还。竞得人（中标人）交纳的保证金在交易双方签订交易合同后，竞得人（中标人）持交易合同原件、交易申请方同意退还保证金的证明向区、镇（街道）交易中心书面提出退款申请，区、镇（街道）交易中心应在收到退款申请后5个工作日内不计利息原路退还保证金。

第四十九条　区、镇（街道）交易中心应在交易结束后10个工作日内在交易信息发布时相应网站公布交易结果，交易申请方在标的物现场，所在村（居）、社务公开栏同步公布交易结果，公布期不少于5天。

第五十条　竞得人（中标人）应按成交确认书、中标通知书约定时间和场所与交易申请方签订交易合同。

第十章 交易暂停、中止、终止或恢复情形

第五十一条　有下列情形之一的，区、镇（街道）交易中心应暂停、中止或终止交易活动：

（一）司法机关要求暂停、中止或终止交易活动的；

（二）公开交易的组织、实施环节发现有碍公平交易的情形，需要暂停、中止或终止交易的；

（三）交易申请方要求暂停、中止或终止交易活动，经交易申请审批部门同意的；

（四）交易申请审批部门认为应当暂停、中止或终止交易活动的其他情形。

第五十二条　交易中止时间不得超过10个工作日，10个工作日内不能恢复交易的，由交易申请审批部门通知区、镇（街道）交易中心终止交易。交易中止事项消除后，由交易申请方申请，经交易申请审批部门审批后，通知区、镇（街道）交易中心恢复交易，交易日期相应顺延。

第五十三条　出现本规则第五十一条、第五十二条规定应中止、终止或恢复交易情形的，区、镇（街道）交易中心应通过原公告渠道发布中止、终止或恢复交易公告。

交易申请方应在标的物现场，所在村（居）、社务公开栏上公布中止、终止或恢复交易信息。

第十一章 法律责任

第五十四条　竞买（投标）人有以下行为之一的，区、镇（街道）交易中心可取消其竞投资格，如造成本次交易失败的，交易保证金全额不予退还，保证金扣除组织实施部门应收取的手续费后由交易申请方没收：

（一）凡未按规定提交有效凭证（证明文件、二代身份证原件、交易保证金交纳凭证）；

（二）严重扰乱竞（投）会议现场秩序。

第五十五条　竞得人（中标人）有下列情形之一的，经交易审批部门或纪检监察部门批准后，交易申请方有权取消其竞得（中标）资格，交易保证金全额不予退还；造成损失的，竞得人（中标人）还应承担赔偿责任：

（一）不按规定提供有关文件材料，或提供虚假文件材料、隐瞒重要事实，引起交易纠纷的；

（二）采取行贿、恶意串通等非法手段竞得（中标）的；

（三）逾期或拒绝签订《成交确认书》、交易合同的；

（四）构成违约责任的其他行为。

第五十六条　交易申请方有下列情形，引起交易纠纷或造成损失的，应依法承担相应责任：

（一）提供虚假文件材料、隐瞒重要事实的；

（二）逾期或拒绝签订交易合同的；

（三）逾期或拒绝移交标的的；

（四）构成违约责任的其他行为。

第五十七条　交易申请方与竞得人（中标人）发生争议的，由双方协商处理，协商不成的，向标的所在地法院提起诉讼。

第十二章 附则

第五十八条　通过网上挂牌的方式公开出让、租赁、转让、出租农村集体经营性建设用地使用权的，参照《佛山市国有建设用地使用权和矿业权网上交易规则》。

第五十九条　各镇（街道）可参照本规则制定农村集体经营性建设用地入市公开交易实施细则（办法），并报区国土部门及区公共资源交易管理委员会备案。村（居）级制订的实施细则（办法）经镇（街道）国土部门审核后，召开社员（股东）大会或社员（股东）代表会议表决，通过后实施，并报镇（街道）国土部门备案。

第六十条　本规则由区国土部门负责解释。

第六十一条　本规则自印发之日起实施，有效期至 2017 年 12 月 31 日。相关法律、法规依据变化或有效期内实施情势变化时，可依法评估修订。未尽事宜，国家法律、法规或规章有相应规定的从其规定。

参考文献

[1] 毕宝德．土地经济学 [M]. 北京：人民文学出版社，2010.

[2] 江华、杨秀琴．农村集体建设用地流转 —— 制度变迁与绩效评价 [M]. 北京：中国经济出社，2011.

[3] 叶艳妹，彭群，吴旭生. 农村城镇化、工业化驱动下的集体建设用地流转问题探讨：以浙江省湖州市、建德市为例 [J]. 中国农村经济，2002(9)：36—42.

[4] 蒋省三，刘守英．土地资本化与农村工业化 —— 广东省佛山市南海经济发展调查 [J]. 管理世界，2003(11)：87—97.

[5] 钱忠好，曲福田. 农地股份合作制的制度经济解析 [J]. 管理世界，2006(8)：47—55.

[6] 冯善书．“南海模式”遭遇变局 [J]. 中国乡村发现，2008(02)：14—22.

[7] 崔娟、陶铭．集体建设用地使用权流转可行性之法理分析 [J]. 中国土地科学，2009(8)：9—17.

[8] 刘宪法．“南海模式”的形成、演变与结局 [J]. 中国制度变迁的案例研究，2010（00）：68—132.

[9] 刘守英．土地改革：法律与政策需适应现实 [J]. 经济导刊，2014(2)：84—85.

[10] 于潇，吴克宁，阮松涛．集体经营性建设用地入市 [J]. 中国土地，2014(2)：35—37.

[11] 伍振军、林倩茹．农村集体经营性建设用地的政策演进与学术论争 [J]. 改革，2014(2)：113—119.

[12] 梁燕. 农村集体经营性建设用地入市路径选择 [J]. 农业科学研究，

2014(3).

[13] 张四梅．集体经营性建设用地流转制度建设研究——基于优化资源配置方式的视角 [J]. 湖南师范大学社会科学学报，2014(3)：114—119.

[14] 崔娟、陶铭．集体建设用地使用权流转可行性之法理分析 [J]. 中国土地科学，2014 (8)：9—17.

[15] 冯青琛、陶启智．浅析农村集体经营性建设用地入市对城镇化的影响 [J]. 农村经济，2014(8)：36—40.

[16] 陈美球、李志鹏，卢丽红．“确权确股不确地”的优劣与风险防范——以江西省修水县黄溪村的实践为例 [J]. 中国土地，2014(8)：40—42.

[17] 周其仁．土地入市的路线图 [J]. 国土资源导刊，2014(9)：16.

[18] 梁燕．农村集体经营性建设用地入市路径选择 [J]. 农业科学研究，2014(9)：62—66.

[19] 彭建辉．集体经营性建设用地入市问题探析 [J]. 中国土地，2014(11)：16—19.

[20] 于潇、吴克宁、阮松涛．集体经营性建设用地入市 [J]. 中国土地，2014(11)：35—37.

[21] 梁燕．农村集体经营性建设用地入市路径选择 [J]. 农业科学研究，2014,35(3)：62—66.

[22] 程雪阳．土地发展权与土地增值收益的分配 [J]. 法学研究，2014,36(05)：76—97.

[23] 龙凤，赵伟，张智红，谢德体．农村集体建设用地流转驱动力的博弈分析 [J]. 西南大学学报（自然科学版），2015(3)：151-157

[24] 陆剑．集体经营性建设用地人市的实证解析与立法回应 [J]. 法商研究，2015(3)：16-25.

[25] 温世扬. 集体经营性建设用地“同等人市”的法制革新 [J]. 中国法学，2015(4)：66-83.

[26] 马艳平. 农村集体建设用地流转的理论、实践和制度完善 [J]. 经济问题，2015(4)：105-109.

[27] 曹笑辉．集体建设用地入市模式及其立法选择 [J]．理论探索，2016(2)：116-122.

[28] 张伟．农村集体经营性建设用地增值收益分配机制研究：以集体经营性建设用地初次流转为视角 [J]．成都理工大学学报（社会科学版），2016(2)：53-56.

[29] 罗玉辉，林龙飞，侯亚景．集体所有制下中国农村土地流转模式的新设想 [J]．中国农村观察，2016(4)：84-93.

[30] 付宗平．集体经营性建设用地入市存在的问题及对策 —— 基于成都市的实证分析 [J]．农村经济，2016(9)：31—36.

[31] 陈扬众．自主治理视角下集体建设用地入市的路径选择 —— 基于政府和市场之外“第三条道路”的设想 [J]．现代管理科学，2016(11)：102—104.

[32] 宋志红．集体经营性建设用地入市试点的三个问题 —— 基于德清、南海、文昌实施办法的规范分析 [J]．中国国土资源经济，2016，29(7)：4—9.

[33] 刘益林，徐霞，王森，等．基于 ISM 的我国集体经营性建设用地入市制约因素研究 [J]．宏观经济管理，2017(1)：12—13.

[34] 宋宜农．新型城镇化背景下我国农村土地流转问题研究 [J]．经济问题，2017(2).

[35] 张婷，张安录，邓松林．基于威廉姆森分析范式的农村集体建设用地市场交易费用研究 —— 南海区 1872 份市场交易数据和 372 份调研数据供给侧分析 [J]．中国土地科学，2017(2).

[36] 陈海素、谢建春、陈凯．构建农村集体土地整备制度的思考 —— 以广东省佛山市南海区为例 [J]．中国土地，2017(2)：44—45.

[37] 李静，廖晓明．农村集体建设用地流转的动力机制 —— 基于利益相关者角度分析 [J]．中国农业资源与区划，2017(3).

[38] 刘守英，路乾．产权安排与保护：现代秩序的基础 [J]．学术月刊，2017(5)：40—47.

[39] 郑威、陆远权、李晓龙．农村集体经营性建设用地入市流转的法经济

学分析 [J]. 经济问题探索，2017（7）：175—180.

[40] 翟彬，梁流涛 . 农村集体经营性建设用地入市的农户认知与意愿 [J]. 干旱区资源与环境，2017(10).

[41] 胡中华，谌宇. 农村集体经营性建设用地市场化的法律障碍及其跨越 —— 以入市交易资格为切入点 [J] . 中国地质大学学报（社会科学版），2017，17(4)：36—45.

[42] 夏柱智. 农村土地制度改革的进展、问题和启示 —— 基于 33 个试点的资料 [J]. 云南行政学院学报，2017，19(5)：5—17.

[43] 尹超，陆琼，夏莲. 农村集体经营性建设用地入市的障碍与对策研究 [J] . 安徽农业科学，2017，45(23)：190—192.

[44] 黄忠 . 城乡统一建设用地市场的构建：现状、模式与问题分析 [J]. 社会科学研究，2018(2)：83-94.

[45] 周应恒，刘余 . 集体经营性建设用地入市实态：由农村改革试验区例证 [J]. 改革，2018(2)：54—63.

[46] 高欣，张安录 . 农村集体建设用地入市对农户收入的影响 [J]. 中国土地科学，2018(4)：44-50.

[47] 叶红玲 . 探索集体经营性建设用地入市新模式 —— 广东南海农村土地制度改革试点观察 [J]. 中国土地，2018(7)：4—9.

[48] 吕萍，于璐源，丁富军 . 集体经营性建设用地入市模式及其市场定位分析 [J]. 农村经济体，2018（7）：22—27.

[49] 申文金，张文主 . 集体经营性建设用地入市增值收益分配探析 —— 以江苏省试点经验为例 [J] . 现代管理科学，2018(7)：51—53.

[50] 郭炎，项振海，袁奇峰，等 . 半城市化地区存量更新的演化特征、困境及策略 —— 基于佛山南海区“三旧”改造实践 [J]. 现代城市研究，2018(09)：101—108.

[51] 谭荣 . 集体建设用地市场化进程：现实选择与理论思考 [J]. 中国土地科学，2018,32(08)：1—8.

[52] 坚德慧. 农村集体经营性建设用地土地增值收益分配机制探析 —— 以甘肃省定西市陇西县为例 [J] . 天水师范学院学报，2018，38(4)：99—103.

[53] 岳永兵，刘向敏. 集体经营性建设用地入市增值收益分配探讨——以农村土地制度改革试点为例 [J]. 当代经济管理，2018，40(3)：41—45.

[54] 唐健，谭荣. 农村集体建设用地入市路径——基于几个试点地区的观察 [J]. 中国人民大学学报，2019(1)：13—22.

[55] 杜小刚，卓妮. 集体建设用地整备制度下的土地资产权益实现——以广东省佛山市南海区为例 [J]. 中国土地，2019(03)：30—32.

[56] 赵祥. “再集体化”与政策协同：集体建设用地入市改革的路径分析——基于广东佛山市南海区改革试点的经验分析 [J]. 岭南学刊，2019(4)：31-40.

[57] 彭津琳. 我国农村集体建设用地改革及其流转价格形成研究 [J]. 价格理论与实践，2019(4)：42—45.

[58] 吴彩容，罗锋. 农村集体经营性建设用地入市模式研究——基于广东南海的实证分析 [J]. 安徽农业大学学报（社会科学版），2019（6）：41—49.

[59] 陈亚军. 建立健全城乡融合发展体制机制和政策体系研究 [J]. 宏观经济管理，2019(7)：6—19.

[60] 陈卫华，吕萍. 产粮核心区农村土地三项改革：经验、难题与破解——以河南长垣为例 [J]. 农村经济，2019(9)：50-56.

[61] 张婷，张安录，邓松林. 需求侧视角下农村集体建设用地市场效率及影响因素研究 [J]. 长江流域资源与环境，2019(9)：2040-2049.

[62] 喻瑶，余海，徐振雄. 农村集体经营性建设用地入市价格影响因素研究——基于湖南省浏阳市数据的分析 [J]. 价格理论与实践，2019（11）：33—36.

[63] 李贵东. 集体经营性建设用地入市所面临的问题与对策 [J]. 上海房地，2020(9)：27—30.

[64] 郭浩楠，王淑华. 集体经营性建设用地入市收益分配制度研究 [J]. 中国国土资源经济，2020,33(6)：55—62.

[65] 刘鹏凌，蔡俊. 集体经营性建设用地整备统筹入市的农户意愿与行为响应 [J]. 中国土地科学，2020,34(8)：63—71.

[66] 胡大伟．土地征收与集体经营性建设用地入市利益协调的平衡法理与制度设计 [J]．中国土地科学，2020,34(9)：10—16，23.

[67] 黄忠华，杜雪君．集体建设用地入市是否影响城乡统一建设用地市场——基于浙江德清微观土地交易数据实证研究 [J]．中国土地科学，2020,34(2)：18—26.

[68] 李怀．农村集体经营性建设用地入市收益分配改革：模式、困境与突破 [J]．东岳论丛，2020,41(7)：128—137.

[69] 吴义龙．集体经营性建设用地入市的现实困境与理论误区：以“同地同权”切入 [J]．学术月刊，2020,52(4)：118—128，141.

[70] 魏来，黄祥祥．集体经营性建设用地入市改革的实践进程与前景展望：以土地发展权为肯綮 [J]．华中师范大学学报（人文社会科学版），2020,59(4)：34—42.

[71] 国务院发展研究中心课题组．广东省佛山市南海区集体建设用地入市调查 [N]．中国经济时报，2014—02—13.

[72] 张延龙．完善农村集体经营性建设用地入市流转收益分配机制 [N]．中国社会科学报，2018—07—18(004).

[73] 王佑辉．集体建设用地流转制度体系研究 [D]．武汉：华中农业大学硕士学位论文，2009.

[74] 李文婷．深圳坪山自主改造型城中村发展研究 [D]．广州：华南理工大学硕士学位论文，2014.

[75] 侯杨杨．城乡统筹视角下农村集体经营性建设用地入市机制研究 [D]．郑州：郑州大学硕士学位论文，2015.

[76] 唐威．农村集体经营性建设用地市场运行机制研究 [D]．长沙：湖南师范大学硕士学位论文，2019.

[77] 长垣人们政府网，http：//www.changyuan.gov.cn/.

[78]Ruden,S.T.Land Market and Investment in Soil on servation,Paper Prepared for the Workshop,Economic Policy Reforms and Sustainable Land Use in LDC：Rent Advances in Quantitative Analysia[J].Property Rights，1999,5(12)：132—157.

[79]Tasso Adamopoulos.Land inequality and the transition to modern growth[J].Review of Economic Dynamics，2008,(11)：257—282.

[80]Pan Haihong、Ling Shuangying. On the Capitalization of Land Resources in Rural Areas in China[J].Academics in China，2013(9)：261—266.

[81]Macmillan,D.C.An Economic Case for Land Reform[J].Land Use Policy，2000,17(1)：49—57.

[82]Klaus Deininger、Songqing Jin.Tenure Security and land related investment：Evidengce from Ethiopia[J].European Economic Review，2006(50)1245—1277.

[83]Claudio Frischtak.Urban Sprawl and Farmland Price[J].American Journal of Agricultural Economics，2006(4)：915—929.